泉城文库

泉水文化丛书

第一辑　雍坚　主编

编著
陈强

黑虎泉泉群

济南出版社

图书在版编目（CIP）数据

黑虎泉泉群 / 陈强编著 . —— 济南：济南出版社，
2024.7. ——（泉水文化丛书 / 雍坚主编）. —— ISBN
978-7-5488-6600-8

Ⅰ . K928.4

中国国家版本馆 CIP 数据核字第 20243JK519 号

黑虎泉泉群
HEIHUQUAN QUANQUN

陈　强　编著

出 版 人　谢金岭
责任编辑　刘召燕
封面设计　牛　钧
图片统筹　左　庆

出版发行　济南出版社
地　　址　山东省济南市二环南路 1 号（250002）
总 编 室　0531-86131715
印　　刷　济南新先锋彩印有限公司
版　　次　2024 年 7 月第 1 版
印　　次　2024 年 7 月第 1 次印刷
开　　本　160mm×230mm　16 开
印　　张　9.5
字　　数　118 千字
书　　号　ISBN 978-7-5488-6600-8
定　　价　56.00 元

如有印装质量问题 请与出版社出版部联系调换
电话：0531-86131736

总序

文化，源自《周易》中所讲的"观乎人文，以化成天下"。自然形态的泉水，在与人文影响相结合后，才诞生了泉水文化。通过考察济南泉水文化的衍生轨迹，可以看到，泉水本体在历史上经历了从专名到组合名、从组合名到组群名这样一个生发过程。

"泺之会"和"鞌之战"是春秋时期发生于济南的两件知名度最高的大事（尽管"济南"这一地名当时尚未诞生）。非常巧合的是，与这两件大事相伴的，竟然是两个泉水专名的诞生。《春秋》记载，鲁桓公十八年（前694），鲁桓公和齐襄公在"泺"相会。"泺"，源自泺水。而"泺水"，既是河名，又是趵突泉之初名。北魏郦道元在《水经注》中推测，泺水泉源一带即"公会齐侯于泺"的发生地。"鞌之战"发生于鲁成公二年（前589），《左传》记述此战时，首次记载华不注山下有华泉。

东晋十六国时期，第三个泉水专名——"孝水"（后世称"孝感泉"）诞生。南燕地理学家晏谟在《三齐记》中记载："其水平地涌出，为小渠，与四望湖合流入州，历诸廨署，西入泺水。耆老传云，昔有孝子事母，取水远。感此，泉涌出，故名'孝水'。"北魏时期，郦道元在《水经注》中，所记济南泉水专名有6个，分别是泺水、舜井、华泉、西流泉、

001

白野泉和百脉水（百脉泉）。北宋，济南泉水家族扩容，达到30余处。济南文人李格非热爱家乡山水，曾著《历下水记》，将这30余处泉水详加记述，惜未传世。后人仅能从北宋张邦基所著《墨庄漫录》中知其梗概："济南为郡，在历山之阴。水泉清冷，凡三十余所，如舜泉、爆流、金线、真珠、孝感、玉环之类，皆奇。李格非文叔作《历下水记》叙述甚详，文体有法。曾子固诗'爆流'作'趵突'，未知孰是。"

伴随着济南泉水专名的增加，到了金代，济南泉水的组合名终于出场，这就是刻在《名泉碑》上的"七十二泉"。七十二，古为天地阴阳五行之成数，亦用以表示数量众多，如《史记》载"古者封泰山禅梁父者七十二家"、唐诗《梁甫吟》中有"东下齐城七十二"之句。金《名泉碑》未传世至今，所幸元代地理学家于钦在《齐乘》中将泉名全部著录，并加注了泉址，济南七十二泉的第一个版本因此名满天下。金代七十二泉的部分名泉在后世虽有衰败隐没，但"七十二泉"之名不废，至今又产生了三个典型版本，分别是明晏璧《济南七十二泉诗》、清郝植恭《济南七十二泉记》和当代"济南新七十二名泉"。此外，明清时期，还有周绳所录《七十二泉歌》、王钟霖所著《历下七十二泉考》等五个非典型七十二泉版本出现。如果把以上九个版本的"七十二泉"合并同类项，总量有170余泉。从金代至今，只有趵突泉、金线泉等十六泉在各时期都稳居榜单。

俗语云："物以类聚，人以群分。"意为同类的事物经常聚集在一起，志同道合的人往往相聚成群。当济南的泉水达到一定数量时，"泉以群分"的现象就应运而生了。

20世纪40年代末，济南泉水的组群名开始出现。1948年，《地质论评》杂志第13卷刊发国立北洋大学采矿系地质学科学者方鸿慈所著《济南地下水调查及其涌泉机构之判断》一文，首次将济南泉水归纳为四个涌泉群：趵突泉涌泉群（内城外西南角）、黑虎泉涌泉群（内城外东南角）、贤清泉涌泉群（内城外西侧）和北珍珠泉涌泉群（内城大明湖南侧）。

1959年，山东师范学院地理系教师黄春海在《地理学资料》第4期发表《济南泉水》一文，将济南市区泉水划分为趵突泉泉群、黑虎泉泉群、珍珠泉泉群、五龙潭泉群和江家池泉群。同年，黄春海的同事徐本坚在《山东师范学院学报》第4期发表《泰山地区自然地理》一文，提出济南市区诸泉大体可分为四群：趵突泉泉群、黑虎泉泉群、五龙潭泉群、珍珠泉泉群。此种表述虽然已经与后来通行的表述一致，但当时并未固定下来。1959年11月，山东师范学院地理系编著的《济南地理》（徐本坚是此书的参编者之一）一书中对济南四大泉群又按照方位来命名，分别是：城东南泉群、城中心泉群、城西南泉群、城西缘泉群。

通过文献检索可知，济南四大泉群的表述此后还经历了数次变化和反复。譬如，1964年4月，郑亦桥所著《山东名胜古迹·济南》一书中，将济南四大泉群表述为"趵突泉群、黑虎泉群、珍珠泉群和五龙潭泉群"；1965年5月，山东省地质局水文地质观测总站所编《济南泉水》中，将济南四大泉群表述为"趵突泉—白龙湾泉群、黑虎泉泉群、五龙潭—古温泉泉群和王府池泉群"；1966年，油印本《济南一览》一书中，将济南四大泉群表述为"趵突泉泉群、黑虎泉泉群、五龙潭泉群和珍珠泉泉群"，与1959年发表的《泰山地区自然地理》一文所述一致；1986年，山东省地图出版社编印的《济南泉水》中，将四大泉群复称为"趵突泉群、黑虎泉群、五龙潭泉群和珍珠泉群"；1989年，济南市人民政府所编《济南历史文化名城保护规划图集》将济南四大泉群复称为"趵突泉泉群、珍珠泉泉群、五龙潭泉群和黑虎泉泉群"。此后，这一表述才算固定下来。

2004年4月2日，由济南名泉研究会、济南市名泉保护管理办公室组织进行的历时五年的济南新七十二名泉评审结果揭晓，同时还公布了新划出的郊区六大泉群，这样加上市区原有的四大泉群，就有了济南十大泉群的划分，它们是：趵突泉泉群、黑虎泉泉群、珍珠泉泉群、五龙潭泉群、白泉泉群、涌泉泉群、玉河泉泉群、百脉泉泉群、袈裟泉泉群、洪范池泉群。十大泉群的划分，是本着有利于泉水的保护和管理、有利于旅游和开发的原则，依据泉水的地质结构、流域范围，在20平方公里范围内有泉水数目20处以上，且泉水水势好，正常年份能保持常年喷涌，泉水周围有良好的自然环境和历史文化内涵等标准进行的。

2019年1月，国务院批复同意山东省调整济南市、莱芜市行政区划，撤销莱芜市，将其所辖区域划归济南市管辖。伴随着济莱区划调整，新设立的济南市莱芜区和济南市钢城区境内的泉水，加入济南泉水大家族。2020年7月至2021年7月，济南市城乡水务局（济南市泉水保护办公室）再次开展全市范围内的新一轮泉水普查工作。在泉水普查的基础上，邀请业内专家对新发现的500余处泉水逐一进行评审，新增305处泉水为名泉，其中，莱芜区境内有72泉，钢城区境内有30泉。2023年，在《济南市名泉保护总体规划（2023—2035年）》编制过程中，根据泉水出露点分布情况，结合历史人文要素与自然生态条件划定了十二片泉群，即趵突泉泉群、黑虎泉泉群、珍珠泉泉群、五龙潭泉群、白泉泉群、涌泉泉群、百脉泉泉群、玉河泉泉群、袈裟泉泉群、洪范池泉群、吕祖泉泉群及舜泉泉群。其中，吕祖泉泉群（莱芜区境内诸泉）和舜泉泉群（钢城区境内诸泉）为新增。

稍加回望的话，在市区四大泉群之外，济南郊区诸泉群名称的出现，也是有迹可循的。1965年7月，山东省地质局八〇一队李传谟在油印本《鲁中南喀斯特及其水文地质特征的研究》中记载了今章丘区境内的明水镇泉群（包括百脉泉）、绣水村泉群，今长清区境内的长清泉群，今莱芜区境内的郭娘泉群。据2013年《济南泉水志》记载，20世纪80年代后，省市有关部门及高校有关科研人员和学者，对济南辖区内的泉群及其泉域划分形成了各种不同的说法，但济南辖区内有三个泉水集中出露区和七个泉群的说法，为大多数人所认同。三个集中出露区即济南市区（包括东郊、西郊）、章丘区明水、平阴县洪范池一带；七个泉群即趵突泉泉群、黑虎泉泉群、五龙潭泉群、珍珠泉泉群、白泉泉群、明水泉群、平阴泉群。

泉群是泉水出露的一种聚集形式。泉群的划分，则是对泉水分布所作的人为圈定，如根据泉水分布的地理区域集中性、泉水的水文地质条件进行的划分，以及从泉水景观的保护、管理和开发等角度进行的划分。因此，具体到每个泉群内所含的泉水和覆盖范围，亦是"时移事异"的。以珍珠泉泉群为例，1948 年，方鸿慈视野中的北珍珠泉涌泉群，仅有"北珍珠泉、太乙泉等 8 处以上泉水"；1966 年油印本《济南一览》中，珍珠泉泉群有珍珠泉等 10 泉；1981 年济南市历下区地名办公室所绘《济南历下区泉水分布图》上，将护城河内老城区中的 34 泉悉数列入珍珠泉泉群；1997 年《济南市志》将珍珠泉泉群区域再度缩小，称"位于旧城中心的曲水亭街、芙蓉街、东更道街、院前街之间"，共有泉池 21 处（含失迷泉池 2 处）；2013 年《济南泉水志》将珍珠泉泉群的范围扩大至老城区中所有的有泉区域，总量也跃升为济南市区四大泉群之首，计有 74 处；2021 年 9 月，伴随着"济南市新增 305 处名泉名录"的公布，护城河以内济南老城区的在册名泉（珍珠泉泉群）达到 107 处。

当代，记述济南泉水风貌、泉水文化的出版物已有多种，可谓琳琅满目，而本丛书以泉群为单位，对济南市诸泉进行风貌考察、文化挖掘、名称考证，便于读者从泉水群落的角度去考察、关注、研究各泉的来龙去脉。十二大泉群之外散布的名泉，皆附于与其邻近的泉群后一一记述，以成其全。如天桥区散布的名泉附于五龙潭泉群之后，近郊龙洞、玉函山等名泉附于玉河泉泉群之后。

值得一提的是，本丛书所关注的济南各泉群诸泉，并不限于当代业已列入济南名泉名录的泉水，还包括各泉群泉域内的三类泉水：一是新恢复的名泉，如珍珠泉泉群中新恢复的明代名泉北芙蓉泉；二是历史上曾经存在、后来湮失的名泉，如趵突泉泉群中的道村泉、通惠泉，白泉泉群中的老母泉、当道泉，吕祖泉泉群中的郭娘泉、星波泉；三是现实存在，但未被列入名泉名录的泉水，这些泉水或偏居一隅，鲜为人知，如玉河泉泉群中的中泉村咋呼泉、鸡跑泉，或季节性出流，难得一见，如袈裟泉泉群中的一口干泉、洪范池泉群中的天半泉。在济南泉水大家族中，它们虽属小众，但往往是体现济南泉水千姿百态的另类注脚。

本丛书在编撰过程中参考了《千泉之城——泉城济南名泉谱》等众多当代济南泉水文化出版物，得到了济南市城乡水务局（济南市泉水保护办公室）、济南市勘察测绘研究院、山东省地矿局八〇一水文地质工程地质大队等单位的大力支持，谨此诚致谢忱！

亘古以来，济南的泉脉与文脉交相依存，生生不息。济南文化之积淀、历史之渊源，皆与泉水密切相关。期待这套《泉城文库·泉水文化丛书》开启您对济南的寻根探源之旅！

雍坚

2024 年 6 月 10 日

目　录

黑虎泉泉群概述

黑虎泉泉群位于南护城河东段，东起解放阁，西至泉城广场中段，长 1000 余米。沿南护城河岸边或河中，共有泉池 17 处，其中，黑虎泉流量最大，仅次于趵突泉，在济南众泉中占第二位，最大涌量约 4.1 万立方米／日。虽然黑虎泉的流量在济南众泉中排名第二，但黑虎泉泉群却是济南市城区四大泉群中流量最大的一个。据 1959—1977 年统计，黑虎泉泉群泉水平均流量为 10.1 万立方米／日，最大为 18.92 万立方米／日，最小为 0.55 万立方米／日。其中据 1973—1977 年测量数据，平均流量为 7.12 万立方米／日，最大为 16.02 万立方米／日。

黑虎泉泉群中绝大多数泉水处于南护城河两侧或河中，自解放阁下向西，依次为玛瑙泉、白石泉、九女泉、姜石泉、黑虎泉、琵琶泉、豆芽泉、溪中泉、五莲泉（南珍珠泉）、任泉、一虎泉（缪家泉）、金虎泉、胤嗣泉、对波泉、汇波泉、古鉴泉、寿康泉。其中，黑虎泉、金虎泉、南珍珠泉、古鉴泉等 4 泉，收录于金代《名泉碑》；黑虎泉、琵琶泉、玛瑙泉、白石泉、九女泉等 5 泉，则名列济南新七十二名泉。黑虎泉泉水直接流入南护城河，再经东护城河、东泺河北流，注入小清河。

黑虎泉泉群虽然是济南市城区四大泉群中流量最大的泉群，却也是四大泉群中最"年轻"的一个。因为黑虎泉泉群在明初才形成，距今只有 900 多年的历史，是济南城区四大泉群中出现最晚的一个。

明朝建立后，济南府取代青州府，成为山东地区的行政中心。作为山东省政府驻地和南北要冲之地，济南府的战略地位大大提高，城池的防御级别也相应提高。明洪武四年（1371），济南进行了大规模的城池改造，将原来的土城改建为内外覆以砖石的坚固城墙。与城墙加固相对应的，还有护城河的疏浚。由于济南城西有泺水作为天然的西护城河，挑挖护城河的工程主要就在南、北、东三面。现在黑虎泉泉群以及南护城河沿岸的大部分泉水，就是在挑挖南护城河的时候涌现的。由于济南的泉水集中分布在东起青龙桥、西至筐市街、南至泺源大街、北到大明湖，面积仅 2.6 平方公里的范围内，而东、北护城河都位于此范围之外。因此，在这次挑挖护城河的工程中，东、北护城河两岸几乎没有什么泉水出露，南护城河两岸则涌现出众多泉水，形成了黑虎泉泉群，如同一颗颗璀璨的珍珠镶嵌在南护城河的两岸。

黑虎泉泉群所在的南护城河沿岸地区，在明代以前为荒郊野外，处于悬崖深壑之中，而且在司里街中段南侧还曾发掘出元代墓葬，说明这

成因分析：大气降水在南部山区入渗补给地下水后，沿岩溶裂隙由南向北形成地下径流，在老城区遇不透水辉长岩阻挡后，地下水位抬高。黑虎泉泉群地下水直接涌出地面。

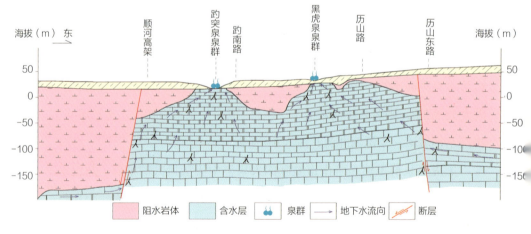

黑虎泉泉群成因剖面示意图

附近在元代没有民居。自明初涌现大量泉水后，人们纷纷来此择水边而居，才逐渐形成了半边街、司里街、所里街、后营坊街等街巷。清代中后期，封建官僚和文人纷纷在护城河南岸修建私人园林别业，如黑虎泉西的冯家园、琵琶泉南的品泉山房、一虎泉边的缪家花园等。清末，司里街、所里街、后营坊街，连同城内的宽厚所街，被称为"济南四大名街"，缙绅商贾多在此建房居住。民国时期，南护城河沿岸因水资源丰富而成为一些用水量大的小型手工作坊的建厂首选地，较大规模的有晚清翰林范之杰创办的胜绍南酒公司，此外还有豆芽作坊、阿胶作坊、织袜厂、毛巾厂等多家小型作坊。

中华人民共和国成立后，南护城河两岸的小作坊多数已无力维持经营而倒闭，其余的也通过合并为集体企业、公私合营改造等方式从护城河边迁出，两岸的民居则大部分保留下来。后经过四次大的拆迁改造，原有的居民全部迁出，两岸民居则改建为环城公园和泉城广场。

1962年和1963年，济南连续两年遭遇了大暴雨："7·13特大暴雨"和"7·22大暴雨"。1964年，济南进行了城关地区防洪设施建设改造，拓宽取直南护城河河道，修建了解放阁台基和琵琶桥，拆除了琵琶桥以东半边街北侧的临河民居，修建了黑虎泉公园。1972年，为迎接柬埔寨国家元首西哈努克亲王访问济南，拆除了五莲泉（南珍珠泉）以东至琵琶桥的半边街北侧临河民居。1984—1986年，沿护城河建设环城公园，拆除了五莲泉（南珍珠泉）以西半边街以及南顺城街北侧临河民居，建成清音阁、五莲轩等泉景建筑，将黑虎泉泉群的多处泉水景观连为一体，建成了济南环城公园的重要组成部分——泉石园。

泉石园，位于南护城河东段。这里清泉众多，除黑虎泉外，还有九女泉、白石泉、琵琶泉、玛瑙泉、五莲泉等10余处泉水。此地水面宽阔，地形起伏自然。1965年，拆除破旧民居，将清泉、名胜囊括在内，新建亭台桥阁，堆叠假山，石砌河岸，疏浚河道，栽植花木，建成了黑虎泉公园。1986 年建环城公园时，黑虎泉公园改称泉石园。几经建设，园内清流映黛，绿柳婆娑，多组亭榭因地就势，与花丛翠树相掩映，颇具江南风貌。如今，这里已成为颇具泉城特色的游览胜地，也是济南市民泉水直饮取水的最大最集中之地。

20 世纪末，后营坊街一带街区的民居被拆除，建成了泉城广场。泉城广场是济南的中心广场，地处山、泉、河、城怀抱之中。在这里，可以北览旧城区古风新貌，西观趵突泉喷涌潺溪，南眺千佛山青翠绵亘，东望解放阁清雅如画。广场东西长约 780 米，南北宽约 230 米，占地约 250 亩，自西向东主要有趵突泉广场、济南名士林、泉标广场、下沉广场、颐天园、童乐园、滨河广场、荷花音乐喷泉、四季花园、文化长廊等十余部分。泉城广场中心为主体雕塑泉标，高 38 米，重 170 吨，取古汉字"泉"字的意象造型，用现代构成方法加以艺术处理，展现了三股清泉自"城"中腾空而起、磅礴奋发的辉煌景象。泉城广场结合城市风貌与人文景观，充分体现了"讲究开放、崇尚稳定"的齐鲁文化和"群众性、文化性、娱乐性"的特点，创造了泉城特色，延续了齐鲁文化，展现了礼仪之邦风采。2002 年 8 月，泉城广场正式被联合国教科文组织授予"联合国国际艺术广场"称号，成为中国第一个获此荣誉的城市广场。

泉群是泉水出露的一种聚集形式。泉群的划分，则是从某种角度对泉水分布所作的人为圈定。黑虎泉泉群之名出现于 1948 年。同年，方鸿慈在《地质评论》第 13 卷第 3-4 期发表《济南地下水调查及其涌泉机构之判断》。此论文中首次将济南泉水依其排列归纳为四个涌泉群，即"趵突泉涌泉群、黑虎泉涌泉群、贤清泉涌泉群和北珍珠泉涌泉群"。方鸿慈眼中的黑虎泉涌泉群位于济南内城外东南角，包括黑虎泉、玛瑙泉、白虎泉、南珍珠泉、任泉等 9 处以上泉水。

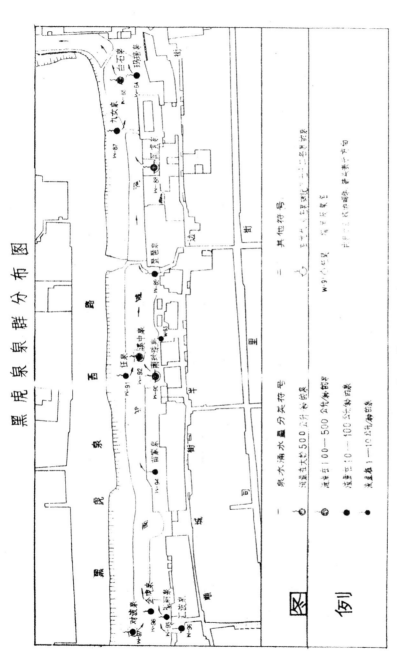

黑虎泉泉群分布图（据1965年《济南泉水》）

1959—1989 年，黑虎泉涌泉群又被称为"黑虎泉泉群""城东南泉群""黑虎泉水系""黑虎泉群"，其中，"黑虎泉泉群"逐渐为多数学者所认可，成为一种最规范的称谓。1963 年，山东省地质局八〇一队一分队所绘《济南市泉水分布图》中，黑虎泉泉群时称黑虎泉水系，有泉 37 处，总量居济南市区各水系之首，其中名泉 9 处、无名泉 28 处。1965 年 5 月，山东省地质局水文地质观测总站所编《济南泉水》记载，黑虎泉泉群共有 14 泉（包括 1 处无名泉），据当时观测数据显示，黑虎泉并非泉群中出水量最大者，排在其前面的还有白石泉和溪中泉。1986 年《山东水利史志汇刊八》所刊《济南诸泉探源》一文附载的《济南市泉水调查登记表》显示，综合 1978 年底和 1983 年两次泉水调查信息，黑虎泉泉群有泉 20 处。

黑虎泉

黑虎泉位于南护城河南岸崖下，东北与解放阁隔河相望。金《名泉碑》、明《七十二泉诗》、清《七十二泉记》均有收录，现为济南新七十二名泉之一、黑虎泉泉群的主泉。泉源在崖下的石洞内，泉水自石洞北面泉池池壁上三石雕兽口喷出，泻入泉池。泉池为石砌长方形，东西13米，南北9米，深3米。泉水出露形态为涌状，长年不竭，1972年11月监测最大涌水量为692升/秒。池北为一水闸，水漫流而下形成水帘，泻入护城河。泉与周围山石树木、亭台楼阁、曲径拱桥等园林建筑相互辉映，蔚为壮观。喷水口的石雕兽相传为避水兽蚣蝮，其实不然。常见于桥头和宫殿建筑排水口的避水兽的头部像龙，有角，而黑虎泉的兽头其实就是虎头。在民国时期的老照片中，还可看到中间兽头的额头上有"王"字，后来因游人经常踩在虎头上拍照，"王"字被磨平。清末，池中兽头仅有1个，长0.67米，宽约0.5米。1931年整治泉池时又增两个。以前，泉崖之上建有黑虎庙，现为茶社。

黑虎泉在济南诸泉中，喷涌气势极盛。明刘敕《历乘》描述："喷珠飘练，澄彻可鉴眉睫。泉溢而出，轰轰下泻，澎湃百状。飘者若雪，断者若雾，缀者若旒，挂者若帘。泻为圆池，名曰太极。池中屹然一巨石，水石相击，珠迸玉碎，萦回作态。其声如昆阳、巨鹿之战，万人鸣鼓，瓦缶相应，以浮白酬之。坐十丈外，泉蒙蒙洒人，不寒而栗。"古时，黑虎泉有"岩畔飞泉"之景，被列为济南十六景之一。

黑虎泉　左庆摄

关于黑虎泉的得名，说法不一。一说是因水声轰鸣、状若虎啸，或洞卧巨石、形似卧虎而得名。明晏璧《七十二泉诗·黑虎泉》诗云："石蟠水府色苍苍，深处浑如黑虎藏。半夜朔风吹石裂，一声清啸月无光。"另一说是因泉上建有黑虎庙而得名。黑虎庙，明崇祯《历乘》中称"玄坛庙"，因供奉财神赵公明，道教尊为"正一玄坛元帅"，其像身跨黑虎，故又名"黑虎玄坛"。但玄坛庙建立时间不明，而且，究竟最初是庙因泉而建还是泉由庙而名，现在已不得而知了。

其实在金、元时期，黑虎泉的位置并不在城南。最早记述黑虎泉位置的文献为元代《齐乘》（元好问在《济南行记》中虽然提及黑虎泉和金虎泉，但没有说明位置），其中称"曰金虎、曰黑虎，李承务巷"。"李承务巷"四字是对金虎泉和黑虎泉位置的注解，说明元代的黑虎泉和金虎泉位置都在一条叫作"李承务巷"的小巷附近。当代人想当然地将李承务巷认定为从琵琶桥南的半边街通往司里街的一条南北小巷（旧称"五圣街"），但却忽略了《齐乘》中还有关于东、西蜜脂泉的描述："曰东蜜脂，金虎西南。曰西蜜脂，东蜜脂西。"可见，元代黑虎泉、金虎泉、东蜜脂泉和西蜜脂泉的位置相距不远。而东、西蜜脂泉的位置，至少自元代至今都是确定的，即西门外、五龙潭附近。据《齐乘》卷二《泺水》条中有这样的记载："（趵突泉）旁合马跑、金线诸泉，周可数亩；北出又合蜜脂、五龙众泉，并城北流。"这说明元代的东、西蜜脂泉就在城西五龙潭附近。因此，与之相邻的黑虎泉和金虎泉也应位于城西。对照东蜜脂泉的位置，元代的李承务巷大约在现在的东流水街附近。

再者，城南的黑虎泉一带属于古历山之余脉，在金、元时期仍属于荒郊野外，处于悬崖深壑之中。1997年，在司里街中段南侧曾发掘出元代砖雕壁画墓葬，说明这里为元代大户人家的墓葬区域，附近根本不可能有民居，也不会有什么李承务巷。至于宋代济南府司理参军衙门曾设

雪中俯瞰黑虎泉　韩军摄

在司里街一说，更属于当代人的臆测。明初济南修建砖石城墙、挑挖南护城河时，众泉出露，黑虎泉也在其中。此后，人们才逐渐在护城河以南择地而居，开荒建房，逐步形成半边街、司里街、所里街等街巷。至今，护城河以南的地势依然起起伏伏，从护城河边向南一路是上坡，过所里街后向南是下坡，过泺源大街向南又是上坡，这应当是古历山余脉残存的起伏山势。

明代初期，城西的金虎泉可能就已淤塞，迷失其址，只剩下黑虎泉了。明永乐年间晏璧所作《七十二泉诗》中，有《黑虎泉》诗，而无《金虎泉》诗；明嘉靖《山东通志》则称"金虎，在李承务巷，或云即黑虎也"。城西的黑虎泉后来在清代文献中就出现过一次，此后再未出现。清康熙年间，山东巡抚周有德在《重修趵突泉记》一文中提道："（趵突泉旧）亭之南开疏夹河，架以小桥，远引白龙、黑虎二泉流其下，环亭东西而北溯。"

明代，城南的黑虎泉涌水量远远超过了城西的黑虎泉。随着城西黑虎泉逐渐消失于文献中，位于老城东南隅的"新"黑虎泉则开始在诗文中出现。明嘉靖时期山东巡抚胡缵宗的《踏城南诸泉》诗中有"济水城南黑虎泉，一泓泻出玉蓝田"之句。明万历年间，王象春在《黑虎泉》诗中记载"城东有黑虎泉，俗传是水神，遂有庙祀"，明崇祯《历乘》载"金虎泉，即黑虎泉也。崖下水出，汇为一池，湲湲有声，流入城濠，其清可鉴眉须"。

明清时期，城南黑虎泉以其奔腾不息的水势及周围清幽的泉林环境而成为济南的一处盛景。明末刘敕的《咏泉》诗写道："悬崖之下碧潭深，潭上悬崖欲几寻。石漱湍声成虎吼，泉喷清响作龙吟。寒光一生常惊骨，澄色千年可洗心。最喜酒家多野趣，相携同醉绿杨阴。"清人王培荀在《乡园忆旧录》中记载："'碧栏之下，寸寸秋色'，古今以为奇语，移赠

1955 年的黑虎泉

此泉，洵可无愧。"清代诗人唐尧卿曾居住在黑虎泉西侧的品泉山房。他以"品泉山房八景"来描绘南护城河一带的景色，其中黑虎泉景为"洞中飞瀑"，诗曰："泉落洞门前，宛然飞白练。旁穿石罅中，迸出纷如霰。"在清末刘鹗的《老残游记》中，黑虎泉与趵突泉、金线泉、珍珠泉一起，被称为"四大名泉"。民国时期，黑虎泉上的黑虎庙被改作小学校园。黑虎泉仍然是外地游客到济南常游之处，这里曾留下过黄炎培、张中行、艾芜等知名人士和作家的身影，在民国老照片和老明信片中也常常能够看到黑虎泉的旧景。

清末小说《老残游记》中对清末黑虎泉及其周边风景有过生动细致的描写：

老残出了金泉书院，顺着西城南行，过了城角，仍是一条街市，一直向东。这南门城外好大一条城河。河里泉水湛清，看得河底明明白白。河里的水草都有一丈多长，被那河水流得摇摇摆摆，煞是好看。走着看着，见河岸南面有几个大长方池子，许多妇女坐在池边石上捣衣。再过去有一个大池，池南几间草房，走到面前，知是一个茶馆。进了茶馆，靠北窗坐下，就有一个茶房泡了一壶茶来。茶壶都是宜兴壶的样子，确实本地仿照烧的。

老残坐定，问茶房道："听说你们这里有个黑虎泉，可知道在什么地方？"那茶房笑道："先生，你伏到这窗台上朝外看，不就是黑虎泉吗？"老残果然望外一看，原来就在自己脚底下有一个石头雕的老虎头，约有二尺余长，倒有尺五六的宽径。从那老虎口中喷出一股泉来，力量很大，从池子这边直冲到池子那边，然后转到两边，流入城河中去了。

从上文可以看出，清末的黑虎泉只有一个虎头，那是什么时候成了

1966 年的黑虎泉

三个虎头的呢？济南旧志和文献整理专家刘书龙编著的《名泉文萃》一书收录了《整理黑虎泉记》一文，该文为时任山东省建设厅厅长张鸿烈所撰，文中记载了1931年他主持疏浚南护城河和黑虎泉并增设两个虎头的过程。此文曾刻碑镶嵌在黑虎泉旁的石壁上，民国作家艾芜在《珍珠泉和黑虎泉》一文中曾提到过这块碑，可惜今天原碑已不存，只有拓片保留下来。碑文称：

> 城东南护城河一带，名泉不一，而水源最旺、位置最高者，厥惟黑虎泉。泉孔数十，若碎珠缕出，积而为潭，清澈见底。潭临崖壁，构石为阁。古寺立其上，距护城河十余步。其间旧有蓄水池一方，用以泄注潭水，倾入护城河者也。潭之泄水处有石镌虎口一，嵌入池壁中，经久而壁已圮坏，罅隙迭出。潭与池之深度，亦因年久淤塞，泉数与容量俱减。予以整理小清河之故，请示于韩主席向方，决计疏浚源泉以增水量。曾于趵突泉附近试凿新泉，激湍喷涌，与旧泉相埒。工既竣，乃复从事于兹泉。泉水浚深至一又十分之六公尺，广其池为十二又十分之六公尺，浚深为一又十分之二公尺至二又十分之七公尺不等。池之东南隅浚出一泉，突跃怒起，有如趵突泉之形势者。计潭与池之流量每秒钟共为四分之一立方公尺，较前约增三分之一。环池围以短壁，形若井栏。临潭处增设石镌虎口二，以畅其流。由池入护城河，建一量水门，并没有水则以测流量，盖为有合于科学之精确水量计，非仅以供游人之低徊名胜、流连风景而设也。
>
> 山东省政府建设厅厅长张鸿烈
> 中华民国二十年十月中旬

黑虎泉南侧的崖上旧有黑虎庙，明万历年间《齐音》称"黑虎俗传为水神，遂有庙祀"。清乾隆年间，管世铭在《城南诸泉记》一文中记

黑虎泉　左庆摄

载："……又东十余步，忽闻水声淙然，则有巨石壁立，废寺临其上，构石为阁道，下有深潭。潭中水涌甚猛，乱石环之。水四面迸进，声益吼，是为黑虎泉。立久之，觉有阴森之气。"文中的"废寺"即指黑虎庙。据《济南老街史话》中秦若轼所撰《半边街》一文介绍，明嘉靖年间，黑虎泉洞穴之上曾建有黑虎庙，庙内供奉着赵公明。黑虎庙坐西面东，东西有30多米长，南北有10多米宽。从半边街绕转下来，庙门是开于青石坚脚、砖砌围墙上的2米大月亮门。门里不大的前院内，靠街的南面和靠陡壁的北边各有三小间配殿，正面是硬山顶、前抱厦的三大间主殿，后院于黑虎泉洞穴之上也有配殿以及平房等。若于北边的护城河边从侧面看，那黑虎泉洞穴为下层，陡壁护墙为中部，最上面的为黑虎庙配殿，俨然一处砌筑有4米左右宽、每层中间都有拱形门洞样、巍峨壮观的三层特色建筑。主殿内供奉的赵公元帅，黑面浓须，头戴铁冠，手执铁鞭，身跨黑虎，旁侧还有四神像。几间殿舍的前后院内都有高大的古槐。院内院外，花木扶疏，景色佳丽。

传说，有一道士自幼居其中，年八十余，不食五谷，庙中生有如意草，冬夏常青，道士每日食之，他人手触即枯，寻不可得。道士算卦甚灵验，诵经声洪高，用香敲木鱼，万声不断，号"万鱼经"。清乾隆年间，享年百岁坐化，鼻垂玉筋尺许，弹之作玻璃声。元末明初文学家陶宗仪《南村辍耕录》卷二十三载："王（王和卿）忽坐逝，而鼻垂双涕尺余，人皆骇叹……或对云'此玉筋也'。"

20世纪三四十年代，黑虎庙改作学堂，名黑虎泉小学，当时的学生坐在里面，和神像一起听课。济南解放时，小学还在，不久后被撤销。1965年后，政府多次疏浚护城河道，整修河岸，堆砌假山，栽种各种花木，新建茶社，黑虎泉景区俨然一处江南式的滨河水景园区。黑虎泉洞穴上方的黑虎庙旧址处，新建有一处观览泉水的小庭院，院内有茶厅、平台、

黑虎泉　左庆摄

游廊等，游客既可坐而品茗，又可凭栏赏看泉水及周围景色。

在清末、民国时期文人的眼中，黑虎泉和趵突泉的景色有着很大的不同。旧时的趵突泉处于香火旺盛的吕祖庙和嘈杂热闹的集市中，老舍先生的散文《趵突泉的欣赏》在赞美趵突泉美景之前，都免不了要对趵突泉周边的环境吐槽一番。相比之下，黑虎泉则是环境幽僻，游人绝少，更具天然野趣。来此不仅可以感受奔涌咆哮、吼声如雷的黑虎泉水势，更可欣赏杨柳依依、流水潺潺的沿河两岸风景。教育家黄炎培在《济南名泉游记》中如此描写民国初年的黑虎泉景色："泉在城东南，潺湲一水，荇藻交萦，捣衣女子十百为群，泉声与杵声相和。临流水小阁，曰'杨柳青'，倚栏啜茗，所谓'济南潇洒似江南'在此矣。"在笔者看来，最美的景色莫过于护城河底摇曳的水草（济南人称为"苲草"）。在清可见底的河水中，一簇簇长长的水草随着水流轻轻地左右摇摆，令人心动。

中华人民共和国成立后，黑虎泉及周边区域在1965年被辟建为公园，成为济南最早的免费公园之一；1986年又改称"泉石园"；后又增建了双虎雕塑和泉水直饮点等。如今，来此饮水、观泉的济南市民和外地游客络绎不绝，黑虎泉已成为深受人们喜爱的旅游景点之一。

琵琶泉

琵琶泉位于护城河南岸、黑虎泉西，清《七十二泉记》有收录，现名列济南新七十二名泉，因水声淙淙、犹如琵琶扬韵而得名。泉池原为自然形态，不规则。经 1965 年整修后，今池为长方形，长 6 米，宽 5 米，深 2 米。池壁以青石砌成，四周以石雕栏杆装饰。出露形态为串珠状上涌，水自池底岩孔涌出，漫溢二级石阶后跌宕下泻，落入护城河，状若琴弦，与河水相击，声如琴音。

琵琶泉风景优美，清流潺潺，绿树婆娑。泉东侧为 1965 年建成的一座单孔拱桥，横跨南北两岸，高耸如虹，因泉而得名"琵琶桥"。人于桥上可俯瞰"琴弦"，品听"琴音"，体会唐代大诗人白居易《琵琶行》"大弦嘈嘈如急雨，小弦切切如私语。嘈嘈切切错杂弹，大珠小珠落玉盘"的意境。泉西有一高阁探岸而出，名为"清音阁"。站在清音阁下、琵琶泉旁东望，桥孔宛如取景框，可见高阁（解放阁）巍峨、杨柳拂波。如今，琵琶泉边游人如织，提桶来此打水的群众也络绎不绝。

琵琶泉之名最早记载于清乾隆年间管世铭的《城南诸泉记》："倚壕北者，曰琵琶泉，曰九女泉，无石甃。诸泉悉入壕内，流至城东南隅。"

管世铭（1738—1798），字缄若，阳湖（今江苏常州）人。清乾隆四十三年（1778）进士。授户部主事，累迁云南司员外郎、山东司郎中，充军机章京。乾隆六十年（1795），擢浙江道监察御史。清嘉庆三年（1818），转掌江西道。著有《韫山堂文集》。管世铭是乾隆朝的八股

琵琶泉　李华文摄

文名家和唐诗学家，诗歌创作亦为时人称道，《晚晴诗汇》称其诗文"持论正大，择言雅驯""善言名理，纡徐委备，而辞必出于雅令"。一次，时任户部主事郎中、军机章京的管世铭因公来到济南，"侨居于郡南门之缔观里，附城而稍西偏"。他周游了城南的鉴泉、胤嗣泉、南珍珠泉、黑虎泉、玛瑙泉、琵琶泉、九女泉和另外两处无名泉，写下了《城南诸泉记》一文。其中描写的玛瑙泉、琵琶泉和九女泉等明代以后新出现的泉水，第一次在文献记载中出现，这些泉在 21 世纪初都被列入济南新七十二名泉。在此还要介绍一下管世铭不为人熟知的事迹，那就是他作为御史曾欲弹劾权臣和珅未果，遗憾而终。

管世铭所记的琵琶泉位于护城河北岸，而今护城河南岸琵琶泉的位置在《城南诸泉记》中为无名泉："（南珍珠泉）稍东一泉，亦石甃之而加小，鲜有汲者，当为珍珠泉所压。"《城南诸泉记》中记述的七处有名称的泉水，除胤嗣泉一名得自碑碣外，其余泉名均是向当地居民询问后得知的。不知是管世铭误记，还是当时护城河北的一处泉水也名为"琵琶泉"。成书于清同治、光绪年间的《历下七十二泉考》未著录琵琶泉，而是将今琵琶泉位置的泉水著录为玛瑙泉："玛瑙泉：邻珍珠泉，东可二十步。甃池为塘，深碧见底。"可见，今护城河南岸的琵琶泉在乾隆年间便见诸文献，但得名较晚。清末，琵琶泉南曾建有品泉山房，寓居于此的清末诗人唐尧卿称品泉山房"门临琵琶泉，左右列珍珠、黑虎二泉"，此后文献中才明确记载琵琶泉在南珍珠泉以东的护城河南岸。李子全在《山东省垣名胜记》中记述了 1932 年游览济南时看到的琵琶泉："山东省城南门外，循护城河南岸迤东，至半边街中间，向北缘石阶而下，河之南岸，水池有三，东西排列。中池底，泉珠成花，向上升腾，全池盈满，水面较高于两旁之池，因之分注，淙淙有声，如鼓琵琶，故名'琵琶泉'。""泉左有古杨，泉右有巨柳。临近妇女，多就池畔，借荫涤衣，

琵琶泉　左庆摄

水清荫浓，气凉神爽，终日洗涤，不觉劳瘁。泉水流注生琴韵，丽女谈笑有佳音，剧楼歌场，无此天真烂漫之妙趣。中池为商民汲饮之水，异常清洁，汲水者来往如梭。北有小桥，卧于水上；南有石壁，立于岸畔。男汲女浣，工作各异；河流泉注，形状特殊。济南泉水之便利，借水所生之胜景，就此可见一般（斑）矣。"

据 1965 年编制的《济南泉水一览表》记载，琵琶泉在"半边街 19 号北河边"，"泉水冒出有声"，为居民饮用水水源。

从民国时期的老照片可以看到，琵琶泉旁原有小桥通护城河北岸。小桥为木质平桥，20 世纪 60 年代时改建为水泥拱桥，桥体设计较为巧妙，水面上的桥拱与水中的倒影恰好构成琵琶的形状，成为琵琶泉边又一道亮丽风景。

琵琶桥向南，有一条从半边街通往司里街的"水胡同"，是附近居民来往于司里街、所里街和琵琶泉、黑虎泉之间的打水之路。许多人将这条小巷讹称为元代《齐乘》中所载的"李承务巷"，其实元代的"李承务巷"在城西五龙潭附近。这条巷子很短，南起司里街，北到半边街，有两三米宽。巷子南头旧时建有"五圣阁"，在 1934 年出版的《济南大观》中有记载："五圣阁，在南关四里街"。据《济南老街史话》中秦若轼所撰《司里街》一文介绍，在小巷靠司里街口的南头，在两侧墙基外，又用大块石贴砌了数米高、数米长的一段台基，其上用拱石砌有两米多宽的门洞，拱洞上约 1 米处为平台，其上有飞檐翘角、巍峨壮观的道家寺庙五圣阁。这种过街寺庙与老屋形成的小巷景观，显得十分清幽而古朴，在济南实属少见。阁庙内供奉着泥塑的 5 位小神像，即早年乡村、街社祭祀的五圣神，又叫"五通神""五显神"，各具姿态，奇形怪状，令人生畏，但塑工精巧，生动逼真，令人叹为观止。五圣神，本是兄弟五人，唐末已有香火，宋代由侯加封至王。旧时认为五圣神是凶神，能

1955 年的琵琶泉及其周边风貌

作祟于人。过去民间对一些灾害的发生，常有犯了"五圣"的迷信说法，故来此焚香祈祷的人不断。关于五圣神的来历，民间还有不同的神话传说。

唐朝兹邑县有位达官贵人，名叫王喻。他在县城北侧建了一座风光秀丽的园林，左临方山，右傍佩山，双峰夹峙，松柏参天，景色格外幽闭。唐僖宗光启年间（885—887），一日傍晚，五位神人乘祥云降临在王喻的私家园林，他和众人慌忙跪拜迎接。五圣神对王喻说："吾受天命，当食此方，福佑斯人，访胜寻幽，而来至此。吾庙食此，则佑汝亦无忧。"言罢，升天而去。王喻遂立庙，以祀五圣神。此后，五圣庙逐渐在各地建起来。五圣神的由来还有一说，明太祖定天下大封功臣时，梦见多年征战的将士们的亡灵求祀典，朱元璋"许以五人为伍"，命各地立尺五小庙祭祀，俗称"五圣堂"。

司里街上的五圣阁是一座横跨"水胡同"拱门之上数米长、一人多高的小庙，南北庙墙的中间还各开有一扇小窗户。五圣阁西邻一间小庙，门朝南开，内供关帝，靠墙根处有阶梯可以登阁，登阁的阶梯之下还有道士的床铺。两庙里的神仙均由道士统一照管。小庙的香火很盛，逢年过节时来此焚香祈佑的人络绎不绝。小关帝庙和五圣阁里的神像先后颓废，小庙渐成民房。济南解放后，曾有一位老人住在里面多年。"文革"时，五圣阁被拆除，只留下拱门和其上的平台。

1984年建环城公园时，在拱洞平台上用铁皮制作了一个四角形亭子，在拱门西侧还建了一个跨街牌坊，相互衬托。牌坊、小亭均由油漆彩绘，红柱绿顶，亭子四角翘檐上系以风铃，微风吹拂，发出阵阵清脆的铃声，与风景秀丽的泉河相映成趣，颇受人们喜爱。

五圣阁南侧即为司里街。在这条整洁、幽静的老街上，住家多为独门独户，院门是清一色的庄重厚实的黑漆大门，门框用红漆勾边，醒目而提神，门前长条石台阶左右各摆了一块上马石，大门都有过道，门开

1966 年的琵琶泉

1976 年的琵琶泉

在宅基的一角上。门楼是一家一户的象征，在传统民俗中也被赋予了更多功能，如可以贴对联、请门神等。大门里是方正的小前院，迎面是雕花砖框的白灰影壁，上书红漆的"福"或"鸿喜"大字，壁下摆放两棵仿生的夹竹桃。转进"福禄祯祥"或"四季平安"的绿色四扇屏门，可以看到一个长方形的前院，临街的是书房兼客厅，正对客厅的是二门和亭式福寿屏门。进里便是内宅的方整主院，5 间抱柱出厦的上房，前拔三级宽大的条石台阶，东西配房多是青石基础砖坯墙、小瓦子屋顶，两脊角飞翘似弯月般的花脊是院中最高的。花棂子大窗户、用厚板拼装的穿带门、亲切熟悉的开关门声、门板上那一道道历经沧桑的裂纹，都是历史的见证。院内砖铺甬道，花池内栽种着石榴、丁香、海棠等。几盆花草，两缸金鱼，娴雅静谧，一家三代人读书燕居，雍容而舒适。除这典型的殷实户宅院外，尚有不少官绅、书香门第的大院。老街南北与所里街、半边街相距只有 50 米远，大院落多是左右带有跨院和套院的宽阔府第。

玛瑙泉

玛瑙泉位于护城河南岸、黑虎泉东，因水自池底涌起串串水泡，经阳光照射五彩缤纷，犹如玛瑙而得名。徐北文在《济南风情》一书中描写道："趵突泉是雄壮的，黑虎泉是粗犷的，但黑虎泉东侧一方泉水，却又是玲珑可爱的。我所指的是玛瑙泉，泉池文静，晶莹清澈，人们在池底投以碎瓷片及蚌壳之属，阳光照临经泉水的折射，则五彩缤纷，光色变幻，因此名之为'玛瑙泉'。"

玛瑙泉的泉池呈长方形，长 3.7 米，宽 3.2 米，深 2.2 米，以块石砌岸。泉水出露形态为串珠状上涌，长年不竭，从池上部 7 个分孔溢出，落入护城河，状如垂帘。玛瑙泉最早著录于清乾隆年间管世铭的《城南诸泉记》，现名列济南新七十二名泉。

黑虎泉泉群中的诸泉形成时间较晚（最早的形成于明初），明清以来的咏泉诗和记泉散文中，多是写黑虎泉的，描写其他泉的相对较少，而写玛瑙泉的则少之又少。清乾隆年间，管世铭《城南诸泉记》一文记载："玛瑙泉又在黑虎泉东，清澈与珍珠无异，深广过之，匀圆涣散之态差不及。有草著泉底，冬夏浅碧可爱。"1928 年出版的《历城县乡土调查录》称其"在县城外东南，三皇庙下崖，桥西南"。20 世纪 30 年代，寓居济南的李子全将他游览省垣（省城济南）的见闻，写成《山东省垣名胜记》一书，其中《玛瑙泉记》一文虽短短百余字，但也是民国时期仅有的描述玛瑙泉形态的文字，不仅记录详尽生动，还记录了当时玛瑙

20世纪30年代，玛瑙泉边景象

泉为大、小两个方池的形态，为研究该泉的历史形态演变提供了不可多得的文字资料。据李子全记载："玛瑙泉在省垣外东南隅，护城河南岸。方池有二，居东者巨，居西者微。微池内，泉水由底上涌，水泡成花，当日光映射之时，泡花微含碧色，状如玛瑙，故名曰'玛瑙泉'。虽不在济南七十二泉之列，而泉北石庙香炉之前面，镌有'玛瑙泉'三字，盖志名泉胜景，以免久而没灭也。"

《山东省垣名胜记》出版于1935年5月，作者在书中自我介绍："李子全，字体元，年四十四岁，山东公立法政专门学校毕业，京师内务部警官高等学校正科毕业，本省警务人员考试及格，行政人员训练所毕业。曾任烟台警察厅科员，山东沿海水上警察沾海炮舰大副，山东全省警务处视察员，小清河疏浚工程总局监修员，兼考工员及估工员，安丘县公安局课员，新泰县公安局局长，惠民县麻店街公安分局局长，鄄城县公安局事务员。由省咨部，呈准以荐任职警察官分省任用，现蒙省政府批准，存记录用。"据刘书龙编著《济南历代游记选萃》一书介绍，李子全为山东商河县人，1930年仲春，他经警务人员考试进入行政人员训练所，在济南待过一段时间；1932年夏天，他又由原籍商河到济南谋事，寓居大明湖南畔的贡院后街12号达数月之久，一直到当年冬天，在此期间，他身无职务，随意而游，周览省城济南的名胜，记录成书。此书共有三十四篇游记，对于济南的大明湖、千佛山、华山、小清河、诸多泉水及相关建筑皆有所及。这些游记篇幅不长，语言简洁，再现了1932年前后济南的诸多名胜古迹，尤其是对泉水景观真实风貌的记述和描写，具有极高的文献史料价值。例如，黑虎泉泉群中的玛瑙泉、琵琶泉、任泉、古金虎泉、南珍珠泉等泉水的位置、形态和周边景致，在书中都有描述，其中，对玛瑙泉、任泉、古金虎泉等泉水的描述，是这3处泉水的具体形态第一次见诸文字（清末王钟霖《历下七十二泉考》中虽然记述了玛瑙泉,但从他记述的泉池位置来看,实际上应为今天的琵琶泉)。

1965年编制的《济南泉水一览表》记载玛瑙泉在"(原)半边街7号门前","气泡多,水花四溅",最小流量为68.7升/秒,最大流量为71.0升/秒,是黑虎泉泉群中涌水量较大的泉池之一。玛瑙泉为附近居民饮用水水源。

玛瑙泉一带自古就是城外一处胜景,旧时此处被称为"钓鱼台""太公钓鱼处"。明崇祯《历城县志》记载:"钓鱼台:黑虎泉。前面悬崖高峙,俗传太公垂钓处。一在渴马崖。"而清末民初时期,老照片中的"钓鱼台"大多在黑虎泉东的城东南角附近。在1938年日本出版的《济南市街图》中,城东南角护城河转弯处标注有"钓鱼台"。在同时期日本出版的济南风光明信片和拍摄的照片中,很多取景于此,并标注为"钓鱼台"。

此处在清末还是品泉山房外的"城南八景"之一,名为"夜雨闻钟",

玛瑙泉 李华文摄

玛瑙泉　左庆摄

此景的注文为："山房地本高，迤东三皇庙更在其上，夜雨人静，蒲牢声渡水而至。"文中"蒲牢"为龙生九子之一，性喜鸣，因此将其铸于大钟的钟钮上。此景说的是，夜雨人静时，三皇庙的钟声伴着雨声传来，好一派远林清幽的景象。

"城南八景"为清末唐尧卿所拟。唐尧卿作《品泉山房八景》诗，描写城东南护城河沿岸的风景，其余七景在民国《续修历城县志》中分别标注为：

柳暗花明：主人于门外阶唇四围短垣列各种盆花于上，开时红白相间，真不减花为四壁也。

榴林锦簇：沿溪人家栽安石榴树十株，如火似锦。

洞前飞瀑：黑虎泉庙下有洞，洞外飞泉，从龙口中涌泻，声若波涛。

窗外奇岸：夹岸筑室十余楹，窗外垒石为山。峰岚高下，路径蜿蜒。从高处穿洞而下，颇有丘壑。

石栈骑驴：宅前临溪，溪之北则城，下为通衢，迤逦过，直上石栈，往来行人如织。

春波浴鸭：春水方生，濯手觉暖，有群鸭浮游波上，其乐可知。

晚凉洗马：城南多健儿居，夏晚，牵马浴之。

据侯林、侯环所著《济南园林七十家》一书介绍，清嘉庆、道光年间，济南南护城河琵琶泉上有品泉山房，疑为济南名士陈霖之宅。陈霖（字雨人），品格清高，绘事精妙。他善作竹石，一帧可质数金。此外，陈霖还是一位出色的造园专家。潍县著名的蓬莱别墅、一亩园，济南的亦园、基园等，均出自陈霖之手。陈霖与其兄陈震（字风人）齐名。而兄弟之旧居，一在济南城内三角楼下即南马道上，一为城南琵琶泉上之品泉山房。

1955 年的玛瑙泉

1966 年的玛瑙泉

品泉山房，道光年间曾为诗人唐尧卿所借寓。

唐尧卿（生卒年不详），字右枚，浙江山阴人，好诗。他不惟与济南名士陈震、陈霖兄弟交往密切，而且与历官山东按察使的著名文士赵国华、诗人王鸿等亦多有往来。赵国华曾为唐尧卿诗集作序，并写有《赠唐右枚》诗等作品。

唐尧卿寓居品泉山房之后，喜不自胜，慨然作《品泉山房八景》诗，其序称："余居省城将十稔，嫌其嚣杂，乙酉春，借寓城南品泉山房，面溪枕山，门临琵琶泉，左右列珍珠、黑虎二泉。荇菜交横，泉声盈耳，高旷清幽，足以怡情养性，用拟八景，附之以诗。"由此，足见品泉山房之清雅、秀丽、宜人。

白石泉

　　白石泉位于南护城河北崖解放阁下，与护城河相融，最早见于清道光《济南府志》"在南门外东，城壕北崖"，因泉周水中多白石而得名，今名列济南新七十二名泉。泉水出露形态为串珠状上涌，长年不竭，由池岸石隙流出，汇入护城河。今池呈不规则形，长 12.16 米，宽 8.03 米，深 1.32 米，以假山石驳岸。泉池西南岸一"山"字形自然石上，镌刻有朱学达题写的"白石泉"泉名。白石泉东原有一座石平桥（后改建为金属拱桥），桥东的露天游泳池因紧邻东青龙街上的三皇庙而旧称"三皇庙游泳池"，石桥也被称为"三皇庙桥"。

　　白石泉出现于清乾隆五十九年（1794）。据清道光《济南金石志》所收桂馥撰书的《白石泉记》碑刻记载："乾隆甲寅春夏之交，偶值小旱。方伯江公捐廉募夫，疏浚泉源，以祈渥泽。旬日之内，甘露应祷于时，巽地有泉涌出。白石粼粼，味甘如醴。既滋灌溉，又便汲饮。居人乐之，因刻石纪事。" 由此可知，白石泉是山东布政使江兰捐资疏浚河道时，在护城河中挖出的一眼泉水。江兰，字芳谷，号畹香，安徽歙县人，贡生出身，乾隆五十五年（1790）至乾隆五十九年（1794）在山东任职，曾任山东布政使、山东按察使等职。任职山东期间，他在布政使署（今山东省人民政府大院西部）后花园西购买湖田，建造江园，在济南留下很多泉水和古迹，不仅在护城河边挖出白石泉，还在布政使署、贡院（今山东省人民政府大院东部）凿有凤翥、华笔二池，在江园发掘功德泉、

白石泉　左庆摄

雪泉，在千佛山题写"洞天福地"石坊。

清末王钟霖在《历下七十二泉考》中记述白石泉："在黑虎泉东，对城上魁星楼。细泉沮洳，如万斛珠。小庙石桥可坐数人，烹茶、暖酒、待月，最为爽敞。曲阜桂未谷有《记》。乔松石所咏'十步一泉声'也。魁星楼址，石根出泉，如蟹吐沫，如煎初沸，流入白石泉。城下敲石，作鸡鸣，余拟名之曰'鸡鸣泉'，脉通城内历山泉。"

白石泉因水质良好，成为清代文人饮茶赏景的好去处。清乔岳《泉上即目》诗赞曰："风满园林月满楼，一泉围绕半城秋。溪西烟树知多少？添个渔船胜虎丘。"清王埏《白石泉试茶》形容泉水清凉沁人心脾，称："邪胆不敢照，石砂皆玉莹。若教无附著，应得更空明。僧乞净瓶汲，童知活火烹。何人能七碗，脏腑恐冰生。"清陈超《白石泉茶肆即事》称："料峭西风雁一行，无聊情味是秋光。断桥聚影没残碣，远水跳波喧夕阳。杯泛碧螺清酒吻，花开红蓼媚茶铛。碑文去读金山寺，齿冷何人笑欲狂。"诗后作者注曰："水心小刹名金山寺，碑文不知何人所撰，极可笑。"关于碑文内容，我们已不可知，这里提到的"金山寺"便是旧时白石泉边的小庙——龙神庙。

旧时，白石泉边的护城河中有一片小洲，上面建有小刹，即祭祀龙王的龙神庙。因小庙常常被河水淹没，所以也被称作"金山寺"。济南老照片中经常能看到这座小庙的身影。济南护城河中曾有好几座金山寺，都是这样的小庙。清末王钟霖《历下七十二泉考》中记载东门外青龙街中间有"东响闸"（今新东门桥北侧），"近闸有泉，泉上堆土石为山，古柏、小庙颇具峰峦之致，题曰'海岛金山寺'"。从清末的一张济南老明信片中可以看到，济南东门瓮城外的护城河中也有一座水中小庙，大小、形制与白石泉老照片中的金山寺几乎一样。

1965年编制的《济南泉水一览表》记载白石泉在玛瑙泉西北河中，

白石泉　左庆摄

出流情况为"在河中涌出，气泡多造成水流发白"，流量为合并琵琶泉、溪中泉、溪中泉东无名泉（今豆芽泉）和金虎泉的总量，最小流量1531.1升／秒，最大流量1809.4升／秒。

白石泉边的龙神庙在20世纪50年代左右被拆除，只剩原庙基的一块礓古石孤零零地立在河中。白石泉后来也逐渐湮没，20世纪80年代中期建环城公园、疏浚河道时，又重新被挖出，遂重新砌泉池，立泉名碑。因泉水清澈纯净，市民纷纷提桶来取水，白石泉成为一个自发的泉水取水点。

白石泉东南有一块通往东面街上的大台阶，沿台阶上行即到东青龙街的南口，南口路西旧为三皇庙（今教师之家宾馆）。三皇庙供奉三皇（伏羲、神农和黄帝）及十大名医，实际上与药王庙的功能类似。三皇庙的戏台建在下面河岸边大台阶的北侧，坐南朝北。三皇庙西墙为高崖峭壁，下临三皇庙游泳池。游泳池为1933年韩复榘所建，在当时可算非常时髦，设施也较完备。中华人民共和国成立后，游泳池更名为"青年游泳池"。据周边老人讲，三皇庙的神像十分高大，头上有角，20世纪二三十年代就已经被除去。

护城河边三皇庙的始建年代不详，最早见于明崇祯《历城县志》，称在"城外东南隅，响闸迤南"。清乾隆《历城县志》沿袭明崇祯《历城县志》的记述。清道光《济南府志》中称之为"先医庙"："在南关黑虎泉东，旧称三皇庙。《明史》：'元成宗时礼三皇庙于府州县，春秋通祀。'明初仍元制，以三月三日、九月九日祀，用太牢。洪武二年，立四配及两庑从祀，仪同释奠；四年，诏以'三皇继天立极，开万世教化之源，汩于药师可乎？'命天下郡县毋得褒祀。嘉靖间，建三皇庙于太医院，名景惠殿。国朝因之。《会典》：'每岁春二月、冬十一月上甲致祭。'"

20 世纪 30 年代日文明信片上的白石泉

除此之外，据元代《齐乘》记载，济南城内也有一处三皇庙。该庙临近一个热闹的集市，庙旁常有倡优聚集。元代《齐乘》作者于钦任山东廉访司照磨（负责监察的官员）时，办公驻地就在济南城内，他"日朔望行香三皇庙，庙旁见倡家立命逐之，逮今城中无此辈"。但不久后于钦调任，继任的廉访司照磨尚瓛在拜谒三皇庙后，认为三皇为"开天圣人，世所咸戴"，他们的庙宇却地处潮湿低洼之地，又靠近集市，环境很差。因此，他与众官员集资，在宣圣庙（大明湖畔府学文庙）西面另选址重建了三皇庙。张养浩的《济南路改建三皇庙记》记载了此事。

三皇庙所在的东青龙街，是一条历史不算太长的街道，第一次有文字记载是在民国《续修历城县志》中。1934年《济南市政府市区测量报告书》中记载了"东青龙街"，这是因为济南西关附近也有一条青龙街，故将这两条街道分别标注"东""西"以作区别。由于地理原因，济南城内外的泉水、河流、水沟众多，靠近这些河流和水沟的街道多以"龙"来命名。东青龙街南起三皇庙南侧的大台阶东段，与太平街相接，北到东关大街，是济南老街巷中比较长的一条街。东青龙街北端又与双龙街相接，两条街合起来正好与济南东护城河平行，可以算一条"长龙"了。在我国传统"四象"文化中，东方为青龙，济南城东南隅历来为"龙脉入城之所"，青龙街的"龙头"又正好位于济南城的东南角，"青龙"在此吸水，可谓占尽风水之利。但面对如此巨大的一条"青龙"，在"龙头"正对之处，普通民居是难挡其煞气的，故将与青龙街南面相接的南北向街命名为"太平街"，并在街上建了多座庙以避煞气。从旧时的地图上看，太平街在与半边街、司里街、所里街、三义街等街道相冲的街道东侧都建有庙宇。在太平街南端的尽头，与"龙头"遥遥相对的，则为道教庙宇海山宫。

据《济南老街史话》中秦若轼所撰《东青龙街》一文称，三皇庙庙

1984 年，环城公园中新恢复的白石泉

门南向，东西 20 多米宽，南北进深 60 多米长，占地面积约 1600 平方米。庙内有主、跨多个院落，有殿房 37 间，建筑富丽堂皇，同时庙内还立有大学士张养浩所题的石碑一通。

《历城县志》中还记载了清代一则与三皇庙有关的趣事。赵奇，字建公，居城南三皇庙街，世代为农。在他 30 多岁时，一天早晨有道士来门前乞食。赵奇欣然给道士做早餐，道人谢授一术；可济世救人，但不能牟利，遂送"出疡书一卷别去"。不久，有一女子小腹忽然肿大，此事传到未婚夫家，其家"污以有身欲退婚"。女子家便请赵奇为女诊治，经诊定曰："此小肠痈也，计某日可刺矣。"是日，未婚夫家也赶来观看。赵奇按穴位投针，"脓出，跃尺许，承以盆，盆盈而腹消，又两月平腹，女子归称佳妇"。又一次，一名"庄某者，患内痈"，当时其"脓已成，而地近心，不可刺"。庄举家泣曰："不刺必无生，理与其不刺而死，毋宁刺而死也。"赵奇给患者服固气药，用墨笔记准穴位，"潜吸冷水向庄面噀之，针即之入"，趁患者"惊悸气上心亦上"之际，他手疾眼快，成功为其将脓逐出，此针刺"稍迟则伤脏"，出脓后又经"敷药调治，百日而瘳"。因赵奇住在三皇庙近处，故世传他为经三皇庙点化培养的医药人才。

这位于河畔泉旁的三皇庙，到了明代后期，其功能渐被趵突泉前街的药王庙取代。此间庙里虽也有香火，但已是渐渐败落了。清道光二年（1822），这里兼有义学，后又为警察分所占用。济南解放前后，三皇庙又先后被黑虎泉小学分校、太平街小学和济南六十四中使用，1990 年被拆除，今三皇庙遗址是济南教师之家宾馆所在地。

旧时的三皇庙南侧路旁的下河涯石板道，是一处上接东青龙街、下连护城河边的主要通道，是清道光十六年（1836）济南知府王镇疏浚护城河时修建的。这条台阶式古道 48 级，宽 3 米。台阶两侧皆有数米高

2021 年 12 月，雪后白石泉云雾润蒸景象　雍坚摄

的护墙，间用块石及大青砖砌筑，既南挡陡壁掉土，又北保临空面的安全。后虽历经维修，形貌依旧，遂成了一处时代变迁的象征之地。

济南护城河的外侧有不少通向附近街区到河涯边上的小道。这些小道多呈 1~2 米宽的石砌台阶状，如半边街的琵琶泉、水胡同的古鉴泉、后营坊街上的寿康泉、巽利桥侧水磨房等处的小道。所有这些石砌的台阶坡道，就其规模说，都不如三皇庙这里的台阶坡道宽大气魄；从所处地理位置而言，也不及三皇庙的更显重要，加之三皇庙又处在城市的东南角——汇聚了济南的人气、水气、灵气，故人们对三皇庙古道怀着深厚的情感。在《续修历城县志》的《省城街巷全图》中，古道也占有一席之地，被专门标出，其重要程度可见一斑。但十分遗憾的是，2002 年 9 月，石板古道因年代久远已破旧、不利于环境卫生而被拆除了。这条有着 160 多年历史的石板古道，虽然算不上文物，但它沉淀着历史的沧桑，烙印着古泉城文化，对它的拆除实在让人惋惜。

2010 年济南市建护城河通航工程时，将白石泉东面河中的礧古石移至河边，并将白石泉东石桥增高改建为金属拱桥，济南市园林局在白石泉东侧的护城河北岸石壁上立了"金山寺遗址"碑，将青年游泳池改建为泉水浴场。

如今，泉水浴场的冬泳已成为泉边一景。冬泳可能并不稀奇，但济南泉水浴场的冬泳者大都为 60 岁，甚至 80 岁的高龄者。他们大多从小就在护城河中游泳，虽已过花甲之年，却仍坚持冬泳，不仅是为了强身健体，更是要找回在泉池中戏水的童年。

九女泉

　　九女泉位于解放阁下、护城河北岸，东与白石泉相邻。据 1928 年出版的《历城县乡土调查录》记载："九女泉，在南关黑虎泉北，倚城壕，现在安宅新建房内。"据《济南泉水志》记载："据老人们讲，在 20 世纪三四十年代时，东燕窝街上只有 3 户人家，当时一户郭姓官宦人家的花园式宅院内，有九女泉，泉水清澈甘甜，院东墙外河边是白石泉，泉边曾建有亭台楼阁、茶室，人们在此可赏泉、品茗、荡舟、观鹭、垂钓。"1965 年，九女泉重修为椭圆形泉池，长 10 米，宽 4.4 米，深 1.15 米，以假山石驳岸，半伸于河中。泉水出露形态为串珠状上涌，长年不竭。水泡自池底冒出，袅袅升起后于水面碎裂，与绿藻交织出美丽的图案。因泉池高于河面，一个清澈见底、涟漪荡漾的水湾就这样形成了。细流从泉池石缝泻入护城河，与河水相击，如溅珠玑。西侧有重檐飞翘的六角翼亭，周围垂柳婆娑，与泉池相映成趣。

　　1965 年编制的《济南泉水一览表》记载九女泉在"黑虎泉斜对面河北岸"，"高出护城河上一米出流"，最小流量 18.8 升 / 秒，最大流量 20.4 升 / 秒。

　　九女泉最早记载于清乾隆年间管世铭的《城南诸泉记》："倚壕北者，曰琵琶泉，曰九女泉，无石甃。诸泉悉入壕内，流至城东南隅。" 王钟霖《历下七十二泉考》中未收录九女泉，但收录了护城河南岸的"魁

九女泉 李华文摄

泉"："黑虎庙西，郭氏别业泉也，后归番禺冯子良司马。竹石曲折，
古树缠藤，萝垂墙外，拂城河。开窗下钓，肥鲫尺鲤，随手可得。莲
沼柳塘，异鸟时鸣，与泉声相杂，为城南大好林泉。泉无名，以近对
魁星楼，名之曰'魁泉'，以补《志》阙。园主人回番禺，廉值即售。
自顾囊涩，且以官为家。每忆昔人'小筑园林负城郭'句，为之怅然。"

　　九女泉之名应该源于泉池上方旧时城墙上的九女楼（今解放阁附
近），明崇祯《历城县志》称东南城楼"上有九峰，俗名三角楼，又
名九女楼，结构天然，制自名手"。因城东南城墙墙基为古历山山脉，
修筑城墙时，城头也随山势高低起伏，城东南角共有九处高耸之处，
如同九峰，故将城东南角楼称为"九女楼"。九女楼在清道光五年（1825）
改建为魁星楼，据历城举人花寿山《重修济南东南城角楼记》记载："济
南城东南隅为龙脉入城之所，前人即其上建楼三楹，以应文明。……
道光五年冬……经始于十月上旬，阅廿日工竣，祀魁星于其上，以朱
栏护之，不可亵越，济南文教于是益兴。"出资修筑魁星楼者为济南
知府钟祥和历城知县张应云，此楼仅用了 20 天时间便修筑完成。在很
多清末民初的老照片中都能看到这座魁星楼的风采，巍峨高大的魁星
楼与其下小巧别致的龙神庙相映生辉。可惜这座魁星楼仅仅过了 100
余年便惨遭拆除。1928 年，日本侵略者在济南制造了震惊中外的"五三
惨案"，残杀中国军民，炸毁、炸坏济南东、南、西三座城门，魁星
楼虽未被炸毁，但也遭到了比较严重的破坏。从老照片来看，当时魁
星楼的歇山顶东边鸱吻被炸掉，二楼北墙壁被炸穿。大约在 1930 年，
魁星楼被拆除，改建为气象测候所，建筑为方方正正的二层小楼，完
全没有了原来魁星楼的雄伟气势。在 1948 年的济南战役中，济南城东
南角又一次经历了炮火的洗礼。20 世纪 50 年代，济南城墙被拆除，

九女泉　左庆摄

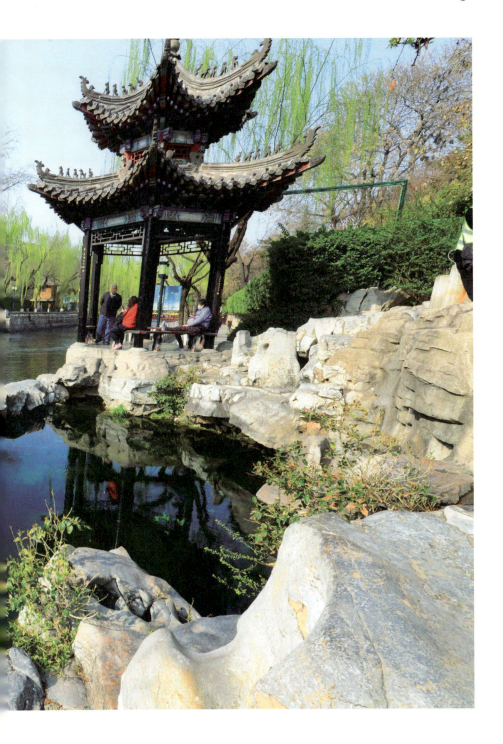

唯有城墙东南角的墙基保留了下来，于 1963 年建成了解放阁台基，以纪念济南战役胜利。1988 年，解放阁建成，当年被评为泉城十大景观之一。

解放阁是泉城济南的著名景点，位于原济南旧城城墙东南角、黑虎泉东侧，隔护城河与黑虎泉相望。阁址为济南战役期间，中国人民解放军于 1948 年 9 月 24 日攻克济南时的突破口。后旧城城墙因城市建设而被拆除时，济南人民特意在这里的旧城址上建起了巍峨壮观的解放阁，以纪念济南解放。1985 年于台上建阁，1986 年 9 月 24 日落成。解放阁阁高 24.1 米，连台基通高 34.1 米，占地 1637.2 平方米，建筑面积 617.2 平方米。解放阁采用中国古典建筑形式，上覆金黄琉璃瓦，外用花岗石贴面。阁呈方形，分两层，下层四周环廊，廊与阁由抱厦连接，廊阁绘有山水、花卉、鱼虫、飞禽、走兽等，廊外为平台，台周饰石栏；上层攒尖宝顶，翘角重檐，斗拱承托，吻兽飞动，风铃扬韵。整个建筑巍峨壮观。

原华东野战军司令员陈毅元帅于 1965 年题写的鎏金的"解放阁"三字石刻分别镶嵌在台基西、南两侧。台基东侧贴壁立《解放济南战役革命烈士纪念碑》，镌刻着在济南战役中壮烈牺牲的 3764 位烈士的英名，由济南书法家朱学达楷书。台基西侧嵌济南市人民政府 1986 年 9 月所立、书法家武中奇书的《解放阁修建碑记》碑。1998 年纪念济南解放 50 周年时，济南市人民政府对解放阁进行修缮，并安装了灯光设施，使解放阁在夜间灯光璀璨、光彩照人。

据资料介绍，解放阁采用秤砣式挑梁结构，主体基座以 4 个直径 2.8 米的沉井为基础，承担 1000 多吨的荷载。环廊采用整体性较好的钢筋混凝土片筏，屋面的檐子沿檩和角梁均为钢筋混凝土构件，保证了建

20 世纪 50 年代的九女泉

1964 年，外国友人游览九女泉

筑的稳固和耐久。在主体建筑四周有 108 米的通透回廊围合，使基座墙体与主体建筑上下相连、浑然一体。整座建筑造型以三角形构图，体现了永恒、稳定、雄伟、庄严的设计理念。屋面采用黄色琉璃瓦顶，三层飞檐翘角参差有致，整座建筑与基座比例匀称，挺拔而俊秀，是现代建筑技术与传统建筑形式相结合的典型范例之一。

姜石泉

姜石泉位于天下第一泉风景区、南护城河北岸石墙下，与黑虎泉相对。泉池呈长条形，长约 5 米，宽约 1 米，深约 0.2 米，三面立有青石护栏。泉水自石壁下池底渗流而出，清澈见底，经南护栏底部溢出，通过狭窄的地上明渠流入南护城河。2021 年济南泉水普查时发现，泉池东侧、靠近北岸石墙的位置被揭去了两三米长的地面砖，里面有一泓清泉，与泉池相通。

姜石泉为近年来自然出露之泉，夏季雨后出涌量尤大，经天下第一泉风景区的维护和疏导，已成为南护城河北岸的一处迷你泉景。此泉原为无名泉，2021 年被定名为"姜石泉"。姜石泉得名应与泉水附近河岸边的姜石有关。

姜石，又称"礓石"，济南人俗称之为"礓古石"，曾广泛分布于济南护城河沿岸。姜石是一种药用矿物，有白或灰白、黄白等色，用于治疗中暑腹泻、痢疾，今用于改良水质等。姜石作为药材，首载于唐代苏敬等著的《新修本草》，称："味咸，寒，无毒。主热豌豆疮、丁毒等肿。生土石间，状如姜，有五种，色白者最良，所在有之，以烂、不碜者好，齐州历城东者良。" 20 世纪 60 年代，济南修整南护城河沿岸道路时，北岸有几块姜石因体形巨大无法被清除掉，至今仍裸露于路边。

姜石泉上方的二层台基上就有一块姜石，现在它隐藏在冬青树丛中，不易被发现。但在几十年前，这块姜石裸露在地面上，很是显眼。1972 年，

姜石泉　汪眉含摄

姜石泉　汪眉含摄

1972 年坐在姜石上的三个女孩

在美国访华学者威廉·约瑟夫拍摄的一张照片中，三个穿着蓝袜子的女孩就坐在这块姜石上，这块姜石不远处就是今天的姜石泉。

姜石泉是黑虎泉泉群中为数不多的位于护城河北岸的泉水之一。清乾隆年间管世铭的《城南诸泉记》曾经记载了一处位于护城河北岸的"琵琶泉"："倚壕北者，曰琵琶泉，曰九女泉，无石甃。诸泉悉入壕内，流至城东南隅。"不知今天的姜石泉与管世铭所记的护城河北岸的"琵琶泉"是否有关系。

金虎泉

  金虎泉位于南护城河南侧河中、一虎泉西，金代《名泉碑》、清
《七十二泉记》都著录其名，历史上曾长时间迷失其址。直至民国时期，
南护城河南岸的一处泉水才被认定为金虎泉。1965年编制的《济南泉水
一览表》记载，金虎泉在汇波泉东北河中。1965年修建泉池。今泉水出
露形态为串珠状上涌，长年不竭，流入南护城河。泉池为石砌正方形，
边长4米，深1.5米。1986年于泉上建通天亭，亭为透顶翘角，因泉得名"金
虎亭"。南侧有三曲平桥与岸边相连，游人可由曲桥步入亭内。

  金虎泉是历史名泉，元好问在《济南行记》中列举的为数不多的济
南泉水中就有金虎泉。可惜这处泉水在明代就迷失了，其后几百年间，
金虎泉在志书中消失了，清《七十二泉记》只著录其名。

  金虎泉最初不在城南，而是和黑虎泉一样，在城西。元《齐乘》中
记载东蜜脂泉在"金虎西南"，说明元代时古金虎泉位于东蜜脂泉的东
北方向。因为东蜜脂泉的位置在城西是确定的，所以古金虎泉的位置也
应该在城西五龙潭附近。明永乐年间晏璧所作《七十二泉诗》中有《黑
虎泉》诗，而无《金虎泉》诗；明嘉靖《山东通志》则称"金虎，在李
承务巷，或云即黑虎也"；明崇祯《历乘》称"金虎泉，即黑虎泉也"。
可见，明代初期，城西的金虎泉可能就已淤塞，迷失其址，此后文献均
缺载金虎泉或仅引述嘉靖《山东通志》的说法。

  民国《历城县乡土调查录》称金虎泉"在黑虎泉正西，今失考"，

又云"或谓即在护城河北岸胜绍公司院内,亦有谓在范氏花园者"。
1935年出版的《山东省垣名胜记》中,作者李子全在《古金虎泉记》一文中认定护城河南岸的一处泉水为古金虎泉,即今金虎泉的位置。文中称:"济南内城,南门外迤东百余武,护城河岸下,有金虎泉,以对黑虎泉而命名,并形水势之猛也。毛发直竖,口鼻出水,如山如石,似虎非虎,具有天然之势。非若黑虎泉,一望则知系人造之景也。泉流弯曲,北注于河。泉之东有亭,名曰'可中亭'。泉之北有河,曲流岸间,雕砕石莲,莲花喷水,水花隐莲,活活泼泼,甚有情趣。北出该园登清门,西方有池,曰'方广池',水内生花,直如珍珠。园东住舍之建筑,园内花卉之培植,无异本省图书馆。考此园,系清季朱君淑文,就泉侧荒田,辟草莱,斩荆棘,修建成园,名曰'适园'。嗣以后家贫,售于晋人李卓先生,渠改适园为须弥,易'金虎'为'金粟',园内之亭,名曰'可中亭',立碑作记,以遗后世。盖园主易人园名固可更易,惟金虎名泉,

金虎泉　左庆摄

实系古迹，若亦随之易名，古之'金虎'，今改'金粟'，吾不知异日复易何名也。"

从《古金虎泉记》中可知，清末民初时期的金虎泉，曾被佛教居士、山西人李卓改名为"金粟泉"。"金粟"是过去佛之名，指维摩居士之前身。唐白居易有诗云："正传金粟如来偈，何用钱塘太守诗？"李白亦有诗曰："湖州司马何须问，金粟如来是后身。"到了 20 世纪 30 年代，金虎泉又成了附近基督教徒的洗礼之地。据《济南泉水志》记载："旧时在东燕窝街上有胜绍酿酒公司。史载：胜绍酿酒股份有限公司，1913年在东燕窝街，生产南酒，有 6 名工人。该公司院内有金虎泉、任泉、傍城河，所酿出的黄酒质量不错，但因济南同绍兴地域不同，人们口味南北之差异，饮此酒还是不习惯。胜绍酿酒股份有限公司于抗日战争后期破产。旧时从南马道街西头过南门，再向西直到坤顺门，便是南城根街。旧志：南门西，作'卫前街'。因街南傍护城河水，还曾成为基督教徒洗礼之地。据老人回忆，昔日在榜棚街与旧军门巷南口路北，曾有一耶稣会的礼拜堂。……洗礼地点开始时，在礼拜堂附近的护城河上。虽然这里临河空场，偏僻清静，但因此段河道泉少，水量不大，加之雨后洪水带来泥沙造成河床淤积不太理想，后来洗礼地点就改在南门外以东的东燕窝街范家花园的金虎泉附近。"

1965 年山东省地质局水文地质观测总站编制的《济南泉水一览表》和 1982 年出版的《济南的泉水》均称，位于东流水街的回马泉又名"古金虎泉"。这一说法不知何据，虽然回马泉不一定是真正的古金虎泉，但相较于南护城河的金虎泉，可能更接近于古金虎泉。

1978 年底至 1979 年，济南泉水调查时曾发现一处"老金虎泉"，位于"南顺城街 5 号北"，最大容水量 10.93 立方米，调查时容水量为 5.74 立方米。此泉因何得名，与金虎泉、古金虎泉有何关系，待考。

五莲泉（南珍珠泉）

五莲泉位于南护城河南侧岛上、琵琶泉西，古称"南珍珠泉"。因泉水涌出如串串珍珠，又因在旧城内的珍珠泉之南，故得名。1965年编制的《济南泉水一览表》记载，南珍珠泉在"半边街35号门前"，"涌水大，气泡多"，最小流量113.9升/秒，最大流量179.4升/秒。

1965年整修泉池后，池岸四方平整，高出河面标高0.5米。泉水涌上池口向四周漫溢，而后二叠而下，落于南护城河中。盛水时，泉水流挂于池檐，如同悬瀑。池内泉眼甚多，水色深绿，水平如镜，俗称"玻璃池"。1986年，泉池四周改为曲岸，以自然石堆叠。山石以聚为主，叠砌成岛，高出水面。泉水从岛上石缝中溢出，出露形态为串珠状上涌，长年不竭。今泉池为不规则形，长12米，宽4米，深0.5米。1985年5月辟建环城公园时，在泉南侧河岸上建五莲轩，由亭、台、廊、榭组成，规模较大，景观别致。同期，将此泉定名为"五莲泉"，而将此泉东北侧河中的溪中泉误作"南珍珠泉"。2005年《济南市名泉保护条例》附件一《济南市名泉名录》同时收录了五莲泉与南珍珠泉。

南珍珠泉为历史名泉，其位置和形态曾几度变化。南珍珠泉最早见于元代《齐乘》所收录金《名泉碑》中："曰南珍珠，铁佛巷东。"明朝初年编纂的《大明一统志》和嘉靖《山东通志》中明确记载："（南珍珠泉）在府城内，铁佛巷街东，今淤塞。"可见，南珍珠泉最初是在府城以内，明嘉靖时期已经淤塞，直到明末崇祯年间的《历乘》和《历城县志》才开始记载城东南的南珍珠泉。至此，南护城河的"珍珠泉"成了新的"南珍珠泉"。在清光绪年间的《省城街巷全图》上，城东南的护城河边标注有"珍珠泉"，旁边还有建筑"关帝庙"，这里便是南珍珠泉。

清乾隆年间，管世铭在《城南诸泉记》中对南珍珠泉作过生动描述："甃石为池，深可七八尺，清澈见底。泉自沙际达于水面，如万斛珠玑，霏霏不绝。诸泉之观，此为最焉，味尤甘冽，说者谓在趵突泉之右。"此时，南珍珠泉的形态为一个方池。

清末王钟霖的《历下七十二泉考》中未描述泉池的形态，而是描述了泉水的清莹，甚至称用此泉水洗衣比别处泉水洗得更干净："珍珠泉，在圣水泉东，称'南珍珠泉'，别抚院泉也。泉深而洁，如珠如晶。球

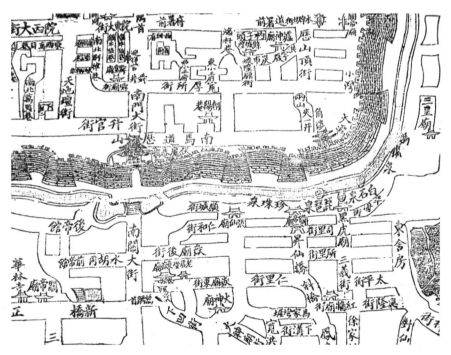

1902 年《省城街巷全图》（局部）

五莲泉（南珍珠泉）　左庆摄

至水面，作碎声。傍泉，浣女砧杵若播鼓，衣经泉涤若新，他水则逊。"

清末学者宋恕有一首《观南珍珠泉》诗："池中小石乃可数，四份画三集浣女。人间显眊莫非因，北珠泉入德王府。"诗中有注："一池画为四，留一供汲饮，其三供洗浣。"可见，到了清末，南珍珠泉变成了并排的多池形态，一池供人饮用，其余几池供人洗衣。

20世纪30年代，在艾芜和李子全的散文游记中，南珍珠泉则又变成了五个并排的小池。民国时期作家艾芜曾经详细地描写过南珍珠泉："我们走着的这条街，叫作半边街，一边的街房在很高的土基上面，进门去时，须登上好些石级；一边却是低下去了，第二层的楼屋，才可以和对面的房子平列。黑虎泉和珍珠泉，都在低的这一面，所以去看的时候，均须走下好些的石级的。""下珍珠泉的路，要钻过小城门洞似的那样的门，才能突然看见迎面站在天空下的城墙，和躺在城墙脚下的城壕沟。一路有人挑水上来，打我们身边闯过，把路淋得很湿。……泉在城壕沟边，用丈把长的石条，砌成五个小池。只有一个不住地冒出一串串的水泡来，上升程度极其迅速，仿佛一大锅刚要开沸的水一样。泉深三尺多，底下长满寸许高的绿色植物，将水映成清碧，水面则浮着薄薄的热气。冒出的水泡，作淡银灰色和淡蓝色两种，在碧水中上升的时候，非常好看，有的大如龙眼，有的小似樱桃，叫作珍珠泉，实是名不虚传的。""站在泉旁看的时候，挑水的不断地走来用洋铁桶朝泉里取水，同时还有好些水漫到旁边的四个池里和城壕沟中，这可见珍珠泉涌出来的水量，是很惊人的了。四个小池旁边，围着许多妇女洗衣，一片捶杵的声音，非常扰人听闻。"

民国时期曾寓居济南的李子全也描写了五个方池的南珍珠泉，以及对岸的任泉。他在《山东省垣名胜记》中写道："鲁省城南门外迤东、琵琶泉西、金虎泉东、护城河南岸下，有方池五，周以石砌，水深数尺，

1903 年关帝庙崖下的南珍珠泉

东西排列，均属整齐。居东第二池内，泉珠滚滚，由底上腾，珠花连续，昼夜不断，泉势与省府之珍珠泉无异，故亦名'珍珠泉'。护城河北岸，遥与珍珠泉相对者，有一方池，池内有泉，名曰'任泉'。二泉对峙，各现奇异，中有河流，可称胜景。"

从一张 1903 年拍摄的济南老照片中，可以看到作家艾芜描述的"小城门洞似的门"和城壕沟边五个小池组成的南珍珠泉。"小城门洞"向南为上坡，是通向司里街的一条水胡同，"小城门洞"上方的建筑即为清光绪时期《省城街巷全图》中标注的关帝庙。

在另一张 1942 年拍摄的济南老照片中，南珍珠泉边除了洗衣的妇女外，又多了些执筐的男人，那些大大小小的柳条筐是发豆芽的工具。20 世纪 30—50 年代，来自济南西北乡匡山庄的村民来到南珍珠泉附近，用泉水发豆芽、磨豆腐贩卖，得到周围居民和餐饮商家的欢迎。在南珍珠泉东面不远，至今还有一处小泉池，名"豆芽泉"。

在水边洗衣一直是济南护城河泉水边一道独特的风景，直到 20 世纪 80 年代，南护城河边居民还有在河中洗衣的习惯。在未通自来水以前，沿河的居民都以河边的泉水作为饮用水，如何解决泉水饮用与泉水洗衣的矛盾呢？从宋恕的诗和艾芜的文章中可以看出，南珍珠泉附近的居民巧妙地将南珍珠泉的几个泉池分别利用，一个用于饮用，其余的用于洗衣，各不干扰。但那些单独的泉池怎么办呢？人们又想出新的办法，就是分时段进行。先让饮水的人打水，打完水后其他人才能开始洗衣。这一规则在民国时期就已经由官方制定并实施了。据民国时期的警员朱世骥在《黑虎泉与护城河》一文中记载，因为黑虎泉是市民的饮用源泉，必须加以保护而利市民卫生，每日上午十二点前禁止洗濯衣物，警察机关派员每天上午六点起去取缔那些不按时间洗衣者。

这一规则一直延续到 20 世纪 60 年代中期济南安装公共自来水管道。

1966 年的南珍珠泉

济南本地学者张达先生在新浪博客发表的《老济南的"护河旗"》一文中是这样描写的："打水的时间是在早晨。穿过氤氲的水汽来到护城河边，河底静卧着的沙石、飘动着的水草，还有游弋着的鱼虾，都可以看得清晰真切，就像是一幅透明的图画。那水，真是清亮得沁人心脾呵！而护城河水之所以能够保持得如此洁净，是因为那时候有一条家喻户晓、人人遵守的规矩：每天早晨，护城河都要封河；而在封河的时间内（记得夏季是到上午8点，冬季是到上午9点），只允许打水，不允许在河里洗衣、洗菜、洗澡。这规矩的标志就是在河边隔不远插一面小红旗，只要小红旗不被取走，任何人都不能随意在河里洗洗涮涮。这小红旗，当时就被称作'护河旗'。即使是今天想来，也可以算是泉城人在极其有限的历史条件下，爱护水源、关怀自身的一项发明创造。"

中华人民共和国成立后，"南珍珠泉"这个名字逐渐淡出，周围居民曾经将南珍珠泉的这五个小池俗称为"五联池"。一张1955年拍摄的照片显示，这一时期南珍珠泉已由五个方池改造为一个由三面短墙围成的簸箕形状的方池，这应该是为了更好地将泉水蓄积起来加以利用。

1964年，济南进行了城关地区防护设施建设改造，在拓宽南护城河河道的同时，又将南珍珠泉改造成一个有落水平台的方形泉池。因其水面清澈平静，颜色呈墨绿色，像一块巨大的玻璃，周围居民都称其为"玻璃池"。

1985年建环城公园时，将方形泉池及周边的河岸拆除，改建为远离河岸的河中小岛，用太湖石围绕原方池砌筑为不规则泉池，并将此泉定名为"五莲泉"。

溪中泉

溪中泉，位于五莲泉东北方的护城河中，最早记载于山东省地质局水文地质观测总站 1965 年印制的《济南泉水》一书。书中记载，当时的南珍珠泉位于护城河南岸、半边街 35 号门前，任泉位于南珍珠泉对面，而溪中泉位于南珍珠泉和任泉之间的河中。该书所附的《黑虎泉泉群分布图》则明确标示出，溪中泉位于南珍珠泉东北、任泉东南方的河道中。1965 年编制的《济南泉水一览表》记载溪中泉"在护城河中心涌流，水面水花翻腾"。

溪中泉之水从河底成簇涌出，涌量颇大。1964 年山东省地质局水文地质观测总站统计显示，南护城河中白石泉、溪中泉二泉合计的平均流量为 1570.2 升／秒，几乎是黑虎泉的 5 倍（黑虎泉为 343.80 升／秒）。流量这么大的溪中泉，在之前竟找不到任何历史记载。据笔者推测，溪中泉很可能是济南战役期间炸弹掉入护城河炸出的泉水。笔者小时候就住在五莲泉旁边，对溪中泉还有印象，当时并不觉得这是一处泉水，但从护城河中蹚水经过这里时，会明显感觉到水温骤降。20 世纪 80 年代初，济南遭遇干旱，五莲泉的水位下降，泉水已无法从池口溢出，南护城河部分河段（五莲泉至琵琶泉）河床见底，只剩下五莲泉北侧的一条 1 米多宽的原始河道，而溪中泉这里仍然有一处水洼，不曾干涸。

1983 年济南市园林管理部门对济南泉水进行了一次较为全面的实地调查，并以此为基础编写了《济南的泉水》一文，发表在 1984 年的《济

五莲泉东北方河中为溪中泉　左庆摄

半边街手绘素描

南市志资料》（第五辑）上。该文较为详细地叙述了泉水成因、泉水概述以及泉水现状，应该说是一篇研究济南泉水的很有价值的文章。但这篇文章也存在一些错误，例如将南珍珠泉东北侧河中的"溪中泉"错误地认定为"南珍珠泉"，而将真正的南珍珠泉命名为"五莲泉"。是什么原因造成的这种失误呢？为了弄清楚这个问题，笔者曾经花费一年多的时间，查阅了许多历史资料，走访了一些当事人，并通过合理的推断，终于搞清了事情的来龙去脉。

笔者从小在姥姥家长大，姥姥家就在半边街 3 号（1980 年以前为 25号）。姥姥家北屋，就在现在的五莲泉南面五莲轩的位置。姥姥于 1940 年左右结婚后不久，便和姥爷从匡山庄来到护城河边安家，以泡豆芽、贩豆芽为生。以前我曾经问过她是否知道南珍珠泉，她说没听说过，只知道家门口这个"玻璃池"（五莲泉）之前是五个池子连在一起的，俗称"五联池"或"联五池"。那时候，我怎么也想象不出五个池子的泉水是什么样的景象，直到后来看了民国作家艾芜的文章才知道，五联池原来是五个小方池排成一条直线。

艾芜来南珍珠泉游览的时间是 1934 年末到 1935 年初，那时还有一个当地的老婆子为她指路："那边，走过杨柳树的那边，就是黑虎泉！""这里是珍珠泉。"可到了 1942 年春天，当文人柳嫣来这里的时候，已经没有人知道"珍珠泉"了。柳嫣发表在 1943 年《杂志》第 11 卷第 2 期的《趵突泉及其他》一文这样写道："看过了趵突泉再到鉴泉、珍珠泉，真使人失望，这里找不到一点标识，一点历史的存留，对于古迹的保护和爱惜，那更谈不到。当地人对于名泉的认识，也是茫然无知，真可浩叹。""站在几十个洗衣妇的当中，看着几十个赤足科头的挑水夫，一桶又一桶，蚁阵似的，在石埠头上往来蠕动，觉得这根本和江南的小河埠头毫无差别，那里去领略名泉的风味呢？只有一些细圆而色白的水沫儿，从泉角上不时泛起，还能给人一股珍珠样的明朗的感觉。"

虽然柳嫣以"小资"的态度讽刺了当时居住在南珍珠泉边的"乡巴佬"们，但我仍十分感激她，她的文字，让我那么近、那么亲切地感受到祖辈们当年的生活场景。

20 世纪 80 年代，济南市园林部门进行泉水调查时，由于周围居民都不了解南珍珠泉，只知道此处有"玻璃池"或"五联池"，便将其命名为"五莲泉"。同时，将五莲泉附近河中心曾经涌水量巨大的溪中泉，误以为是南珍珠泉。

后来由于溪中泉涌水量变小，在河水中仅呈现出成簇的水泡，观赏性较低，而真正的南珍珠泉却被命名为"五莲泉"。五莲泉虽然喷涌旺盛，却缺乏相应的历史文化依托，因此在 21 世纪初竞争激烈的新七十二名泉评选中，这两处泉水双双落榜，成为南珍珠泉的一大遗憾。

2001 年，南护城河一度遭受污水倒灌，当时在五莲泉东北方的河中央，一块水质澄澈的区域凸显出来，此处正是溪中泉　田连锋摄

留在人们记忆中的，不仅有历史名泉南珍珠泉、涌量巨大的溪中泉，还有历史名街半边街。

半边街位于济南护城河的南边，再往南，便是司里街和所里街，司、所二街与后营坊街、宽厚所街并称济南"清末四大名街"。旧时街上住的多为达官贵人，街两边的住宅较为考究。半边街虽不能与南面的司里街、所里街相比，但其建筑形式却很有特点。由于靠近护城河，地势南高北低，40多年前的半边街，街南面的院子比街道高出三四米，院门悬在半空中，从街道走到南面的大门，要爬上一二十级台阶。而街北面的院子，比街道低三四米。从街上看，北面的院子都是很普通的院门，但进了门，要下十来级台阶才能来到院子里。街北面的院子虽然比街道低很多，但在北面的护城河岸向南望，这些房子却又都悬在空中了。我家的四间北屋，从院子里看，是四间平房，但从北面的护城河向南看，则是二层小楼。我们家的四间北屋，每间屋都有一个朝北的大窗户，从窗户往下看，可以看到下面的五莲泉。楼下的四间，分别住着两户人家。

半边街的街名最早出现在300多年前的明崇祯《历城县志》中，称"司街：南为所街，又南半边街，东南为舍房"。"司街"，即今司里街；"所街"，即今所里街；"舍房"，即今东舍坊街。清乾隆《历城县志》、民国《续修历城县志》、1934年《济南市市区测量报告书》均记载过半边街。1927年出版的《历城县乡土调查录》记载为"南关半壁街"，光绪《省城街巷全图》、《续修历城县志》所附地图、1928年《山东省垣详细图》等地图都标注为"半边街"，1930年以后的民国地图（如1931年《济南市街道图》、1933年《济南市市区图》和1947年《济南市街道详图》）多标注为"半壁街"。1927年《济南快览》中未提到半边街，书中所说的"半壁街"，实际为城内府学文庙以东的"泮壁街"。1934年《济南大观》中则有"半边街""半壁街""边壁街"等多个称

1965年，半边街景象　王建浩摄

谓。据1994年《历下区地名志》载："半边街位于司里街街道办事处辖区北部。东起太平街，西至南顺城街东口，北为环城公园（南护城河），南邻司里街。街长340米，宽5米。"

　　半边街街名的由来，据《济南老街史话》中秦若轼所撰《半边街》一文称，"因街的北面是护城河，只有南边有住户人家，故名"。这种说法值得商榷，半边街"只有南边有住户人家"的情况，只是在20世纪80年代建设环城公园、拆迁了街北侧民居后才出现的。此前，街的北侧至护城河畔，一直有民居存在。据笔者推测，最初的半边街，应是指护城河南岸一线，因只有靠近护城河一侧的建筑，另一侧为护城河，因此名为"半边街"。临河一侧的建筑，最初多为达官贵人所建的私人花园及别业，随着沿河民居不断兴建，逐渐形成沿河的街道——半边街。而位于今天半边街南侧的建筑，当初并不属于半边街，这一侧建筑远离沿河建筑有几十米远，而地势又高于沿河道路几十米高，所以它们最初应当是属于司里街北侧建筑的附属建筑。笔者这么推测也是有根据的。我小时候在此居住时就发现了一个奇怪的现象，半边街南侧院落中，本应是正屋的北屋大都是狭窄逼仄的小屋，而院落中的南屋大多宽敞高大，有的还有檐柱和出厦。当时不明所以，也没有深究，后来才想明白其中的缘故：半边街南侧院落，最先应为司里街北侧院落的后院，那些半边街南侧院落的南屋，原先是司里街宅院最后一进院落的北屋，是妥妥的正屋。

司里街和其南面的所里街形成于明清时期，街上居住的大多为商贾官绅。这些大户人家的宅院大多是二三进院落，最后一进院落已达半边街南侧，有的在此处建后花园，开后门向北，便可下到南护城河畔。又因司里街距入城的南门较近，所里街距出圩子城的岱安门和永固门（济南的郊外墓地多在这两个圩子门外）较近，官员上任和出殡的仪仗都要经过这两条街道，因此，旧时济南有"司里街看上任的，所里街看出殡的"两句民谣流传。

经过时代变迁，原有的司里街多进院落的大宅院被分割开，成为单独的院落；原有的大宅院后院后门变成了半边街南侧院落的前门；原来在河畔只有一侧建筑的半边街，南移到今天的半边街上，成为两侧都有建筑的街道，但半边街的街名却一直保留下来。20世纪90年代，半边街，连同司里街、所里街被开发为住宅楼，半边街北面的房子虽然没有被开发为住宅楼，而是被辟为环城公园的一部分，但站在护城河边向南望，一排整齐的楼顶遮盖住了天空，很煞风景。如今城南几条老街的街名有的还在，但老街早已名存实亡了。

豆芽泉

豆芽泉位于南护城河南岸、琵琶泉西。今泉池为石砌长方形，长 2.15 米，宽 2.05 米，深 1.24 米。泉水出露形态为渗流，长年不竭，积水成池，汇入南护城河。

用泉水发泡豆芽，一斤黄豆大约能出四五斤豆芽，由于生产成本低，20 世纪 40 年代，南护城河边的豆芽作坊多达七八家，皆在河崖下，面河傍泉而居，排列参差错落。

济南文史学家任宝祯先生曾经描写过旧时泉水发泡豆芽的场景："从

豆芽泉　左庆摄

20 世纪 40 年代，济南护城河发豆芽的场景

半边街来到豆芽泉却不是一件容易的事儿。在半边街中段有一条唯一通往豆芽泉的不足二米宽、坡度在 45 度左右的阶梯式小路。这条小路犹如千佛山上的盘路一样，需要拾级上下，阶梯有四五十凳，而其路面终年湿淋淋的。一遇上雨天或天寒地冻时节，其泥泞或湿滑程度可想而知。但是，就是这条水淋淋的小路，无论冬夏，一年四季，总是人来人往，川流不息。"

"在泉池不远处有数间小屋。有一间小屋放置着几只大红色瓦缸，每只缸的底部都有一个小圆孔，圆孔用缠着纱布的木塞塞着，这就是豆芽房。其实，生豆芽的工艺流程并不复杂，但是劳动量却非常大：先将黄豆或绿豆放入缸内，然后把泉水用水筲提到屋里灌满瓦缸。生豆芽需要新鲜的泉水，因此过一段时间就要换水。一天之内，要如此往返不知多少次。除此之外，还要用木棍儿定时地在缸内翻搅，让豆皮浮起后，用笊篱捞出。如果不靠近豆芽泉这样的水源，就无法从事这样的行当。这种手工式操作生产的豆芽，可谓物美价廉，尤其是在蔬菜淡季或济南寒冷而漫长的冬天，一大碗黄豆芽炒豆腐经常作为当年老济南人的主要菜品出现在饭桌上，但老济南们却是百吃不厌。难怪 50 多年后的今天与他们闲聊起豆芽泉生出的豆芽时，老济南们心里还美滋滋的呢。"

豆芽泉是 20 世纪 80 年代命名的新泉。1965 年山东省地质局水文地质观测总站编制的《济南泉水一览表》记载为"南珍珠泉东 30 米南岸"的无名泉，泉水上涌较小。

豆芽泉原在经营豆芽作坊的居民院内。1964 年南护城河防洪改造时，将南岸部分沿河民居拆除以拓宽河道并砌筑河岸，豆芽泉被砌成方池，周围居民多在此洗衣。1972 年，为迎接柬埔寨国家元首西哈努克亲王访问济南，又拆迁了护城河南岸、半边街北侧的绝大部分民居，半边街北侧只剩下 1 号（园林局用房）和 3 号（南珍珠泉南侧临河小楼）两处院落，

1976 年的豆芽泉

护城河南岸此时已具备环城公园的雏形。20 世纪 80 年代中期建设环城公园时，拆迁了半边街北侧最后两个院落，分别改建为清音阁和五莲轩。豆芽泉池上增建了石栏，并在泉池南侧路边石壁上镌刻了"豆芽泉"。

任泉

任泉位于护城河北岸，与南珍珠泉隔河相对。泉水出露形态为涌状，长年不竭，流入南护城河。泉池呈不规则形，为半石砌，长 3.6 米，宽 3 米，深 1.4 米。北侧石壁上刻有泉名，四周以石栏围绕。

1965 年编制的《济南泉水一览表》记载任泉在南珍珠泉对岸，"泉水冒出，入护城河"，最小流量为 3.8 升 / 秒。

任泉可能在清乾隆时期就已出现，最初名"琵琶泉"。清管世铭《城南诸泉记》称"倚壕北者，曰琵琶泉，曰九女泉，无石甃"。1942 年出版的《济南市山水古迹纪略》称"琵琶泉，在南门外桥东、北壕上，形如琵琶，声亦似之，今圈入居民宅内，流入城壕"。20 世纪三四十年代，护城河南岸的琵琶泉是居民汲水、洗衣之泉，并未圈入民宅，而任泉在这个时期属于范家花园私宅内的泉水。因此，《城南诸泉记》和《济南市山水古迹纪略》中记载的护城河北岸的琵琶泉可能就是任泉。

任泉之名的来源不得而知，最早记载于 20 世纪 30 年代李子全《山东省垣名胜记》中《南珍珠泉及任泉记》一文："护城河北岸，遥与珍珠泉相对者，有一方池，池内有泉，名曰'任泉'。二泉对峙，各现奇异，中有河流，可称胜景。畴昔河中有桥，今已残缺，不能行人——北岸瞻任泉者，不得观南岸之珍珠泉；南岸视珍珠泉者，不能游北岸之任泉——交通不便，诚属可憾。惟游览者，安能以河流阻隔，顾此舍彼？必不惮跋涉，过桥兼览二泉之胜。"文中提到的河中之桥，便是清末翰

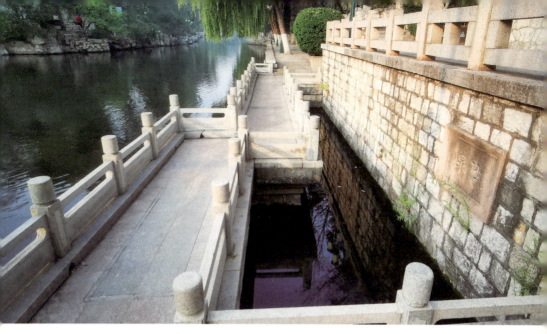

任泉　雍坚摄

林范之杰在任泉边开办酿造南酒的胜绍公司所用的取水之桥。据济南文
史学家魏敬群《晚清两翰林与两处金虎泉》一文介绍："胜绍公司的酿
酒作坊在任泉处，因任泉水量太小，不够用，工人们都是到黑虎泉取水。
后来，嫌其路远，人们便在护城河中架起一座小木桥，到对岸的南珍珠
泉取水酿酒。酿酒作坊之西是胜绍公司的办公室，办公室以西便是范氏
家人居住的范家花园。花园里有金虎泉，泉池半入城河。"

1913 年，范之杰在南门外东燕窝护城河以北买下任泉及东西的狭长
地块，开设了一家绍酒作坊，取名"胜绍公司"，蕴含胜过绍酒之意。
在 1924 年成稿的民国《续修历城县志》所附济南地图中就标注有"胜绍
公司"，可见其影响之大，地图中的胜绍公司位于护城河北岸，西起金
虎泉，东到琵琶泉。在 20 世纪三四十年代拍摄的济南南护城河一带老照
片中，还能清晰地看到护城河北岸任泉附近密密麻麻地堆满了酒坛。

据魏敬群《任泉与范之杰的胜绍公司》一文介绍："胜绍公司设在
与黑虎泉一河之隔的东燕窝街 19 号。东燕窝街在护城河与城墙之间，长
400 多米，宽二三十米。南门瓮城之东有东燕窝，瓮城之西有西燕窝。

其实不光南门，东门瓮城两翼也叫燕窝。燕窝之名从何而来？原来，它与瓮城有关。瓮城前凸，其墙与主城墙相接处形成一道圆弧，这处窝进去的圆弧酷似鸟翅前端形状，所以，明代称为雁鹏窝，清代呼作燕窝。因了瓮城的缘故，护城河在这里拐了一个弯儿，20世纪60年代这个弯儿被取直。起初，城墙与护城河之间是空地，清代中后期，这里渐兴民居，慢慢形成了街道，街道便以燕窝命名。东燕窝街西起瓮城，东头可达白石泉处。胜绍公司在街中间任泉一带购地建房，东西绵亘100多米长，北倚城墙，南临城河，大门开在南边。那时的护城河很窄，是土岸，岸边有的地方长有芦苇。进门后，前院有办理业务的穿堂大厅，后院为居住之处。穿堂大厅西面是花园，小桥流水，花木葱郁，还种有大片葡萄，故胜绍公司又有范家花园之称。前院东面隔一道墙便是酿酒作坊，作坊院内北面是一排平房，在里面拌料、发酵和蒸酒；任泉旁边的空地垛满准备盛酒的空坛子。"

《黄州赤壁志》一书中记载了范之杰的生平事迹。范之杰（1872—1957），北宋文学家范仲淹三十世孙。别名范询炎，字俊丞，浙江绍兴道墟人，清光绪二十九年（1903）进士。光绪三十二年（1906）任翰林院编修。1912年出任山东提法使，1913年改任山东都督府秘书，1915年调任江西检察厅厅长，1920年任湖北高等审判厅厅长，1923年后任湖北烟税局局长、江汉关监督、山东省民政厅视察员、湖南省财政厅秘书，1936—1939年任黄河水利委员会专门委员兼代总务处长，1957年10月病故于上海。范之杰擅长诗文、书法，著有《苏东坡生平》《易经注解》等作品，鼎力抢救了《景苏园帖》全套石刻，使国宝得以幸存。东坡赤壁现存有他为重嵌《景苏园帖》的题跋和《东坡泛舟图》题词两件书法作品。

而2004年出版的《山东省志·人物志》则称范之杰为济南人。这是

20 世纪 60 年代，护城河边任泉

1976 年的任泉

因为范之杰原籍虽是浙江绍兴，但他自20余岁就流寓济南做幕宾，遂在此成家立业，后落籍历城。那时绍兴人当师爷的遍及全国各地，有"无绍不成衙"之说。范之杰虽为师爷，却嗜读博学，后来任山东高等学堂监督及山东高等学校校长。

据资料记载，范之杰先生非常崇拜苏东坡，甚至到了痴迷的程度。他自号"佞苏居士"，凡涉及苏轼的文稿、书画，他都尽力收集，无力收藏的就想办法临摹，不惜工本。在国宝《景苏园帖》的抢救过程中，他更是竭尽全力，做出了重大贡献，也是因此，他的传记被《黄州赤壁志》一书收录。在从政方面，范之杰也与他崇拜的偶像一样，是一位刚正清廉的官员。在任职翰林院时，他就上书陈述外国人在胶澳、威海等租界外购置地亩、典赁房屋、开山采矿等侵害主权行为，提请朝廷注意"威海、胶澳两处租界之外，险要甚多，尤应……随时严密侦察，俾外人不能私行测绘，庶于沿海防务有益"。为落实此情况，时任山东巡抚袁树勋还于1908年10月赴青岛暗访并上本奏报。在清朝外交上，对涉外事务能有如此见识，实属难得。在御史任上，范之杰又上疏弹劾盛宣怀铁路建设中饱私囊的问题，而后盛宣怀被"即行革职，永不叙用"。

除了从政，范之杰还有经商的才干。他创办的胜绍公司，严格按照绍酒的造酒工艺进行仿造，所用原料如精白江米、麦曲、酒药等俱从浙江绍兴运来，聘请的三位"酒头工"都是绍兴的高手，酿出的酒芳香醇美、色味俱佳，竟可乱真。济南尽管水好，可与浙江毕竟地域不同、气候相异。为此，胜绍公司奋起直追，三位"酒头工"凭多年的经验，切磋琢磨，终于创出一套因地制宜、能和正宗绍酒媲美的独特方法：每年立冬前半月，将江米蒸成软硬适中的干饭，倒在竹席上散开，晾凉，拌上麦曲和酒药，放入大酒缸中发酵。当发酵到恰到好处时，每缸加进凉开水500余斤，然后盖严，上面抹一层黄泥密封，一排排的大缸就摆在城墙下的朝阳处。

等 3 个多月后，当翌年吹面不寒的杨柳风刮起时，便可开缸了，即所谓"开耙"。这是制酒的关键，全凭"酒头工"的"耳音"。他们只要屈身将耳贴在缸外面，听里面有起泡声，仿佛蟹吐沫一般，就能断定是否"开耙"。缸开早了酒味不醇厚，人喝着不过瘾，迟则变酸。开缸后，先把混有酒渣的酒灌在一只只绸子制成的袋子里进行压榨，因绸子密度大，不漏渣，流出去的便是清纯的绍酒；而后将酒煮沸兑色，分装到一个个小酒坛里，密封。煮酒时"不舍昼夜"，八口大锅炉火熊熊。留在绸袋里的"酒渣"即为"香糟"，是一种绝妙的调味品，济南名菜"香糟里脊""糟熘鱼片"缺其不可。本来，济南人一向喝的是烈性高粱酒。自胜绍公司酿出绍酒后，四处推销，因它比正宗的绍酒价廉而味美，先是在济的南方人对其交口赞誉，渐渐地，老济南也喜欢上了绍酒。绍酒有滋补功能，饮白酒易醉，绍酒则不然，一般人饮上半斤也不过微醺。若二三友人促膝谈心，一杯热绍酒在手，话兴一定更浓，在陶然的境界中娓娓而谈，真是一种享受。胜绍公司的绍酒在山东省第一次工农产品展览会上荣获金奖，驰名 30 余年。可惜的是，胜绍公司在抗战后期倒闭。

胤嗣泉

胤嗣泉位于护城河南岸、金虎泉三曲小桥南端。因在张仙庙崖下，故得名。

胤嗣泉最早载于清乾隆年间管世铭的《城南诸泉记》，称"越南门桥而东，有石侧出，碣曰'胤嗣泉'，然甚微。旁有方池，一泉上出，无名"。清末王钟霖在《历下七十二泉考》中，称胤嗣泉为"圣水泉"："在南门外迤东，张仙庙下。泉最清甘，饮之愈疾，祈子仙前，每杯泉水供而归遗细君，生男，因名'圣水'。"

1965年编制的《济南泉水一览表》记载胤嗣泉在"南顺城街21号门前"，最小流量5.0升/秒，最大流量5.8升/秒，为居民饮用水源。

中华人民共和国成立后，庙倾圮。1986年重修泉池。今池为不规则形，以假山石驳岸，长6.2米，宽3.1米，深1.45米。泉水出露形态为串珠状上涌，长年不竭，流入南护城河。泉畔石碑镌刻有"胤嗣泉"三字，旁边的三曲小桥通向观泉亭，四周绿树成荫。

旧时，胤嗣泉边有张仙庙。据《济南老街史话》中秦若轼所撰《半边街》一文介绍，张仙庙坐北面南，东西有20米宽，南北由街面到护城河边10多米长。在这个横宽、进深浅的小地基内，地势变化较大。临街南侧数米的地面和街面都较高，靠东墙边是斜下的缓坡，而院子中北面则与河涯岸边同高的向里凹进，南北间有个3米许高的磢古石陡壁。张仙庙的庑殿顶主殿直接陈设于街面上，没有山门和前院，拱形的门额上

胤嗣泉　左庆摄

有"张仙庙"匾额一方，内中主奉张仙。

早年民间传说中的"泰山娘娘""送子观音""麒麟送子"等，都是专司送子又能保护儿童的一些神灵，而张仙是一位男仙。说起张仙的来历，倒颇有一番情趣。

张仙赐子的传说，始于五代时的蜀地。张仙，名远霄，五代时眉山人，游青城山，得道成仙。传其常挟弹弓出游，专弹天狗、恶鬼，保佑小儿，所以蜀人信奉者众。将张仙第一个传到中原的，据说是后蜀蜀国孟昶的爱妃花蕊夫人。后蜀被宋太祖赵匡胤灭国后，孟昶的爱妃花蕊夫人被送到了汴京皇宫。她入宋宫后不忘旧主，就画了一张孟昶挟弓射猎的画像挂于室中。一天，赵匡胤见到此画，询问其故，花蕊夫人诡称道：这是我蜀中的送子张仙神。她的随口一说却不胫而走，很快传到民间。妇女求子心切，于是纷纷挂起张仙——其实是孟昶的像来。

又有传说，宋仁宗无子，曾午梦一人赤袍纱帽，须髯飘拂，挟弓弹而来，自云："天狗在天蚀日月，下世食小儿，但怕我的弓弹。今天狗在皇宫，故来弹之。"仁宗问其何神，答曰："我乃桂宫张仙。"仁宗醒后，即命画师绘"张仙挟弹图"，祀于宫中。

画像中的张仙颇有神采，穿着一身华丽衣服，面如敷粉，唇若涂朱，五绺长髯飘洒胸前，果真是位美丈夫。他左手张弓，右手持弹，作仰面直射状，右上角还画有一只天狗。此像常贴于烟囱旁，民间传说，天狗顺烟囱钻进屋内，吓唬孩子，传染天花。张仙爷守住烟囱口，天狗就不敢进屋来了。画像旁还常贴一对联：打出天狗去，保护膝下儿。横批是：子孙绳绳。

民间附会说，张仙所挟之"弹"，与"诞"同音，暗含"诞生"之意，故张仙由护子而兼送子之功。相传，宋代文学家苏洵曾梦张仙手拿二弹，这是诞子吉兆，后来他果然生了苏轼、苏辙哥俩儿。苏洵特意写了《张仙赞》以表感戴之情。不过他说的是蜀中会点法术的老道张远霄，但民间所祀的神像多是贵冑打扮的孟昶。

张仙庙大殿的东边，在庙墙上开一小门，门后小院侧有房舍数间，平时由此进出。出殿堂的后门亦与小院连通，并可顺着斜坡上的小道下到胤嗣泉去。这庙里除供祀神灵的殿堂外，还有一个胤嗣泉，这是济南的张仙庙所特有的。

直到清朝末年，此处香火甚盛。辛亥革命后，香火逐渐衰败，张仙庙也日渐颓废。中华人民共和国成立后，张仙庙被拆除，在原址附近建了双亭相连的伴月亭，廊阁回环，成为新的景点。

关于胤嗣泉边张仙庙的位置，据民国《历城县乡土调查录》记载："张仙庙，在南关半壁街。"南关半壁街，即南护城河南侧的半边街。其实，这里记载有误，张仙庙所在的街道不是半边街，而是半边街西面、与半边街东西相接的南顺城街。这个错误不是《历城县乡土调查录》所独有的，在民国《续修历城县志》、1934 年《济南大观》，以及除光绪《省城街巷全图》以外的清末民初济南地图中，都将南顺城街纳入半边街（半壁街）内。由于方言口音和记载讹误等原因，南关半边街在民国地图和书籍资料中有"半壁街""边壁街"等多个别称，又为了与城内文庙东面的"泮壁街"（个别民国地图和书籍中也称为"半壁街"）相区分，还被称为"南关半壁街"。其标准称谓应为"半边街"，1934 年《济南市市区测量报告书》中分别记载了"半边街""南顺城街"和"泮壁街"。南顺城街的历史也比较久远，在清乾隆《历城县志》卷三《地域考》中就有记载，在济南城外划分的 14 个街区或近郊村落中，半边街为城外"南关武坊一"街区的 7 条街巷之一，南顺城街（书中记载为"顺成街"）为城外"南保一"街区的 8 条街巷之一。在清光绪《省城街巷全图》中，由于空间有限，黑虎庙以东标注"半边街"，张仙庙以西标

20 世纪 60 年代，胤嗣泉近景

注"顺城街"，其实半边街和南顺城街是以南珍珠泉南面的关帝庙为界限，关帝庙以东至太平街，为半边街；关帝庙以西至南门大街，为南顺城街。不知什么原因，在《省城街巷全图》以后出版的民国时期济南市街巷地图都未标注（南）顺城街，而是将南顺城街的地域划入半边街，只标注了半边街。1949 年以后正式出版的济南街巷地图都正确标注了两条街的名称和位置。但直至今日，仍然有一些文章有错误的记述，如秦若轼的《半边街》一文中介绍半边街的位置："半边街东起太平街，西到双清街，北临护城河，南与司里街毗邻，街长约 510 米，宽两米许，青石板铺面。而有的文献中，如《济南市城市建设历史资料》（1904—1948），则把街的西头定在南门桥东，即过双清街后稍向西延伸到郭家涯子。"《半边街》一文中也提到了"南顺城街"，但并不是半边街以西的南顺城街，按照文中的方位描述，应为东燕窝街的一部分。

汇波泉

　　汇波泉位于护城河南岸，在五莲泉西侧、胤嗣泉西南假山下。泉水出露形态为涌状，长年不竭，流入护城河。泉池呈不规则形，东、西、南三面以山石叠砌成山峦，北面面向护城河，长 4.5 米，宽 4 米，深 0.86 米。泉水在假山下涓涓流淌，形成潺潺细流，犹若山间小溪。1986 年，假山上建伴月亭，亭挑出水面，跃跃欲飞。周围绿树垂荫，泉、石、亭、树相映成趣，极富情调。泉旁有汇波泉的简介碑刻。

汇波泉　左庆摄

1955 年，汇波泉一带风貌

　　汇波泉是中华人民共和国成立后命名的新泉，最早记载于 1965 年山东省地质局水文地质观测总站编制的《济南泉水一览表》。据《济南泉水一览表》记载，汇波泉又称张仙庙泉，在胤嗣泉西南 20 米，最大流量 11.8 升 / 秒。该泉最初为无名泉，清乾隆时期管世铭《城南诸泉记》记载，胤嗣泉"旁有方池，一泉上出，无名"，这可能就是后来的汇波泉。

　　此外，在大明湖东南隅清凉岛上旧时也有一处汇波泉，因城内众泉水多从该岛附近汇入大明湖，故名"汇波泉"。以前，岛上有寺，因泉取名"汇泉寺"。泉池在明嘉靖三十年（1551）曾重修并立有碑记。明清诗文中多有记载：明代历城知县张鹤鸣《游湖十绝》诗曰"汇波泉上夕阳里，紫翠玲珑透鸭茵"；刘敕《汇波泉》诗曰"湖光一望水涟漪，

20世纪50年代，汇波泉泉口近景

最喜夕阳西下时。人物几更天地老，滔滔千古自如斯"；清代王钟霖的《历下七十二泉考》称其为"汇泉"，"在北极台南汇泉寺间。当杨柳落叶、芦荻初芽，南山远印水中，'历下八景'所谓'佛山倒影'也"。大明湖上的汇波泉现已湮没。

对波泉

对波泉位于南护城河北岸，与汇波泉相对，故得名。泉水出露形态为串珠状上涌，长年不竭，流入护城河。泉池为石砌长方形，长 4.7 米，宽 4.6 米，深 1.25 米。池侧矗立小亭，名"对波亭"，1985 年修建，因泉得名。泉旁有对波泉的简介碑刻。

对波泉是中华人民共和国成立后命名的新泉，最早记载于 1965 年山东省地质局水文地质观测总站编制的《济南泉水一览表》。据《济南泉水一览表》记载，对波泉在胤嗣泉河对岸，最小流量 1.0 升 / 秒，最大流量 2.2 升 / 秒，是有数据记载的黑虎泉泉群中涌水量最小的一处泉水。

对波泉侧建有一小巧观景之亭，因此亭正对南岸汇波泉，故名"对波亭"。对波亭南边亭柱上有清朱彝尊诗联："柳岸鸣蝉急，荷风浴鸟轻。"亭的北端有台阶，四周环有长条石座，东南角是连接对波泉和护城河的出口。在对波亭凭栏观泉，但见护城河中游船来往，可谓赏心悦目。河对面有金虎泉、金虎亭、三曲石桥、胤嗣泉、一虎泉及稍东河中的五莲泉、五莲轩，还有那泉下、河间的游人栈道，彼此勾连，颇似江南景致。

对波泉一带旧时名为"东燕窝"，"东燕窝"与"西燕窝"是位于旧时南门瓮城两边、沿城墙南侧的一段弯曲的小街。据《济南老街史话》中秦若轼所撰《东燕窝街·西燕窝街》一文介绍，这里旧时曾为集市。与南门桥或是月城街相接的东燕窝头上，是个经销粮食的市场。早年，

对波泉　左庆摄

对波亭（左）与金虎亭隔河相对　王琴摄

南关一带居民稠密，各户家用粮不是去分散于各街区的粮店买，就是到东燕窝（南门粮市）来买，尤其是新鲜小杂粮。粮市上的买卖多为小本生意，称斤论两地零售。过粮市不远南拐，下坡又过护城河上的东燕窝

桥，便是人们常说的东燕窝小市或南门小市。东燕窝桥是 20 世纪初建设
的，两孔各 3 米，宽 3 米，长 7 米，为一石墩木板桥，由于往来的人多，
两边还有半人高的木栏杆，以保安全。

　　早年一般人家的日常吃穿用度，除到商业、手工业集中的闹市购买外，也会到一些行业性的集市去买，以满足各种不同的消费需求。这里名为小市，其实是一处市民购买日用小杂货和处理废旧物品的集市。因这里地处稍偏，占地不大，且经营的品类相对较少，与山水沟的大集来比，自然就是小市了。虽名为小市，却颇有些名气。

　　过桥后，原是河道拐弯处一狭长地带，有块近百米长、10 米左右宽，地势平整、形状不规则的场地，这就是小市的主要场地。此处的地面，比河内水面高不过半米，地势低洼，故又俗称"下洼子""下河涯"。在这朝集暮散的小市上，有卖刀子剪子、针线头绳、梳子篦子、鞋带腿带、扣子颜料等小杂货的商贩，但更多的是"自卖头"和"换洋火"的地摊，他们一个挨一个地摆放在集市两边。"自卖头"，就是出售自家的物品，多是些家道中落的官绅富商、殷实老户变卖些东西以补家用。因集市上这些物品的来源特殊，也有人把小市称为"破烂市"。其实这里的东西并不破烂，只是陈旧或过时，在价格上也比较便宜。各式衣服、明清家具、旧书刊报、机械电料，还有那真伪难辨的古玩字画、文房四宝等无所不有。小市天天赶，尤其农历二、七山水沟大集的次日，那南来北往的各地行商小贩，又大都光顾小市，在这里盘桓转悠，再次搜索，或对昨日看中的物品继续砍价。这些外来的商贩，被人们称为"古董客"。这类人经营有方，眼力过人，对古玩字画、奇货珍品多会欣赏。而四乡来的小贩，多对估衣旧物感兴趣，因价格低廉，也多有收获。是日，即农历二、七的次日，来此摆摊设点的卖家大都知道外地的商贩会来这里，不仅小市内的货摊摆放得满满当当，甚至连东燕窝的小路两旁和从小市向东一直到郭家涯子的半边街口都摆满了货摊。小市上人流拥挤，声音嘈杂，一幅民间风情画活脱脱地展现在面前。

一虎泉

　　一虎泉位于南护城河南岸、南珍珠泉西。因水从一石刻虎头中流出，故得名。此处曾为临清直隶州知州缪润绂的花园，故又称"缪家泉"，亦曾被讹称为"苗家泉"。泉水出露形态为涌状，长年不竭。泉水自河岸斜坡泻出，汇入曲池，然后跌进河中。1983年整修泉池，就势叠山理水，自西向东形成了三处形态各异的石洞。池边矶石横卧，水中巨石矗立，水随山转，山因水活，构成了独特的城市山林景观。泉池呈不规则形，以假山石驳岸，长28米，宽7米，深0.7米。泉旁有一虎泉的简介碑刻。

　　缪润绂（原名裕绂），清代汉军正白旗人，其母爱新觉罗氏是清皇族远支宗室之女。清光绪十八年（1892），缪润绂进士及第，任翰林院编修，后历任日照、齐河知县和临清直隶州知州。辛亥革命后，他在这里建园筑室，其宅院临街有近百米宽，南北进深至河边有10多米长，宅基有千余平方米。沿街筑有花墙子，圆形大门开于花墙子东边。宅院内地势，靠街的南边高，依河的北侧低，院内地形跌宕起伏。主人就势建园，东为居室，西为花园，植以花木，叠以假山，并有泉亭之胜。缪润绂为之命名为"潜园"，又名"亦山林"，河岸陡壁洞穴中的泉水被命名为"中清泉"。他还作有《潜园十二咏·中清泉》诗。

　　据侯林、侯环著《济南园林七十家》一书的考证，潜园的前身，为光绪年间郓城知县刘曾骙在济南的别业"梦园"。刘曾骙曾经寓居大明

一虎泉　左庆摄

湖北极阁，撰写过著名的北极阁长联"作湖山一日主人，看万派争流、诸峰罗列；数唐宋百年过客，有杜陵诗句、曾巩文章"，此楹联在清末民国时期曾长期悬挂在北极阁大门两侧，后逸失。21世纪初，此联（个别字稍有改动）竟张冠李戴，悬挂在了大明湖南丰祠西门外的楹柱上。

另据魏敬群《晚清两翰林与两处金虎泉》一文介绍，缪润绂从政40年，多数时间是在山东做官，曾任日照、郓城、阳信、齐河等县知县，在郓城率马队剿匪，在胶东乘帆船缉盗，在阳信创两级官学，在齐河办农事试验场，清慎勤明，颇有政声。1911年，擢临清直隶州知州，他上任不久即逢辛亥革命爆发，次年春天便离开临清，秋冬之际在泰山南麓屏风岩下构筑云在山庄，花甲之年开始过起"地远市廛稀客到，屋围松竹有书藏"的隐居生活。1926年，缪润绂75岁时，泰安一带兵连祸结，他不得不迁回济南。他在《八十自述》诗中称："频年触耳咽悲笳，二亩园居傍水涯。"句后注曰："侨寓济南南顺城街，北厅后濒城隍，园以内有泉、有池。因慕陶靖节之为人，即以园潜名。""城隍"指护城河。"陶靖节"即东晋诗人陶渊明，晚年名潜。

其实，潜园的建造比云在山庄要早，缪润绂在齐河任满后寓居济南商埠，次年便开始在护城河畔营建园林，1910年为其起名潜园。后居泰安云在山庄时，缪润绂还不时回济，如其《自题六十四岁小像（八首）》，即证其1915年曾来潜园短住。"老住齐门容市隐，大明湖畔且浮家。"重新回到潜园，他诗酒自适，以求终老。"事业勋名富贵，仰天一笑浮云。得闲便弄诗笔，娱老犹宽酒肠。"缪润绂可谓半个山东人，其《除夕杂诗》诗曰："经年游屐未曾闲，齐鲁征轮数往还。清境两俱抛不得，济南泉与泰安山。"在山东，他最爱泰安的山和济南的泉。

缪润绂故去后，其府第荒废。缪家花园于1965年整修。1983年又

一虎泉泉口近拍　雍坚摄

一虎泉泉口景观　雍坚摄

整修西侧的花园及泉池，就势叠山理水，构筑山林景观。1985 年，将原东侧的房院向东延伸至五莲泉处。经整治修筑，河岸上建了六角亭、爬山廊、茶室、水榭等，改建后组为五莲轩。当年大户人家的花园府第，今已成为百姓休闲观览之地。

古鉴泉

　　古鉴泉位于南护城河南岸、南门大桥西南隅。因泉水净明如镜而得名，又因地处南门桥附近，被周围居民俗称为"南门泉子"。金《名泉碑》、清《七十二泉记》均有收录。该泉原位于济南老城瓮城外旧南门桥西，是周围居民的主要饮水源。1982年，泉池整修后，长7.6米，宽4.8米，周围建花坛。20世纪90年代初，该泉被鉴泉酒家改建为人工喷泉，1998年建泉城广场时被填埋。2001年移址重建，并立有"古鉴泉"石刻。2010年在护城河三期通航工程中，对移建的古鉴泉加以重修，并在泉旁立"舜田门遗址"碑刻。今池呈不规则形，以假山石驳岸，长3.1米，宽2.85

古鉴泉　左庆摄

米，深 0.82 米。泉水出露形态为涌状，长年不竭，流入南护城河。

古鉴泉最早载于金《名泉碑》，元《齐乘》称其在"舜泉南"， 明崇祯《历城县志》载"今考在南门外桥西，池如太极，而水更空明可鉴。流入城河"。清乾隆年间，管世铭在《城南诸泉记》中称，"余适济南，侨寓于郡南门之缔观里，附城而稍西偏。舍东即古鉴泉，居人炊濯资于是，瓶绠络绎，道至沮洳不可行，以其近于市也"。清末王种霖的《历下七十二泉考》记载为"槛泉"，称"在南门外，碣曰'古槛泉'。源清流畅，汲者若市"。

《城南诸泉记》中所称"缔观里"，其实就是老城南门附近的"前帝馆""后帝馆"。老济南旧有"前帝馆，后营坊，正觉寺街南门上"的街巷民谣。古鉴泉正处在"前帝馆"附近的南门桥西。清乾隆时期，这里不称"帝馆"，也不称"缔观里"，而是更为俗气的名字——"地拐"。清乾隆《历城县志》卷三《地域考》载有"地拐巷"，管世铭将这个地名雅化为"缔观里"了。据《济南老街史话》中秦若轼所撰《前帝馆街·后帝馆街》一文介绍，瓮城的建设使得南门处护城河形成了一个向南凸出的弓形大弯道。宣泄千佛山前及南关街衢暴雨洪水的新桥山水沟，顺地势由东南流向西北，并于后营坊街东侧的下阁子汇入护城河内。这就在山水沟与北面及向南回弯的护城河间，形成了东西有百米来宽、南北约 130 米长、三面环水的一舌状地带。此间地形起伏，而周边又是有些名气的街道，人们常经此地爬坡下涯，拐弯而行，故便以地形的特点把此处形成的街巷统称为"地拐"。"地拐"共有三条相连通的小路：一条是位于南侧的东西向道路，一条是中部偏北的东西向道路，一条是连接两街的南北向小路。三条因地形而出的街巷，在平面上呈"工"形布局。根据地势、气候以及历代城乡建筑的传统，济南在街巷的布局和建设上，多以东西向的街道为骨干。"地拐"也受其影响，南、北两条东西向街巷，

20 世纪 60 年代，南门鉴泉

路面宽，清一色的青石板铺就，两边的住户也多；而南北向的中间街巷，不仅路窄，两旁住户少，且只在小巷的中间铺有约40厘米宽的一溜儿石板。此后，逐渐形成了以南、北两街为主，并把中间的小道分纳于中的两街名：南为"前地拐街"，北为"后地拐街"。

清末民初，社会变革，人们的观念开始转变，反映在街巷建设上，便是对一些不甚雅致的街巷名称进行更改。街老士绅便依街上的关帝庙，把"地拐"雅称为"帝馆"，于是前帝馆、后帝馆的街名便流传民间。清光绪岁次壬寅年（1902）9月《省城街巷全图》中始有"前帝馆、后帝馆"的标记。1926年《续修历城县志》载有"曰帝馆"的街名，而志书的附图中则标记着"前帝馆""后帝馆"两条街名。1934年《济南市政府市区测量报告书》只载有"前帝馆街"。前、后帝馆两街的具体分界，是于南北向小路中间建起来的栅栏子门，故两街又分别呈现出"丁"和"⊥"的形状。

位南的前帝馆街，东头顺接水胡同（从南门泉子取水而名），西到新桥街上石拱桥，长有50多米。街与水胡同虽说顺接，但若细看，就会发现在两街的结合处，确是有些不同的地方。一是东边的水胡同路窄，不足3米，两旁的民房多低矮破旧；而西侧前帝馆街的路面渐宽，有近5米，且民宅也多宽敞高大。尤其接头处路南相挨的那两户宅院，东边水胡同的那家是小大门、土坯房；前帝馆街上的则有高台阶、上马石的大门楼。二是两街相接处，还有个不大的慢弯。街上居住的人家多是殷实老户，也有官宦、书香门第。如街西头路北的那户高台子大门，就是民国后期一朱姓团长的宅院，常有勤务兵、护兵出入；而东头路南的大院，也是有些名气的大户人家。

位北的后帝馆街，东起护城河涯岸坡，西至新桥街的砖拱桥，长60来米，宽约5米。它大体可与西边的后营坊街和东边的南门桥头连成直线。

古鉴泉碑　左庆摄

由于街外两侧都是沟、河，故在街口处均建有一个大的坡道，以连接上下。这种上下坡的高低地势变化，使得过往行人和车辆相对要少，这就给老街添了一分清静和娴雅。这里居住的多是平民百姓，但也有几户办厂、经营的工商人家。

清道光《济南府志》记载，古鉴泉"池如太极，而水更空明可鉴，流入城河"。据《济南老街史话》中秦若轼所撰《南门大街》一文介绍，旧时古鉴泉实为南北两池。南边上池5米见方，深2米许，吃水用；北侧下池6米见方，洗涤用。两池间有数米，下有暗涵相通，泉池西边即为古鉴泉碑。这种一饮一用上下两泉池的式样，功能分明，用起来方便，深受百姓喜爱，也是济南所独有的泉池布置形式。1936年趵突泉水厂供水前后，南门泉子一直是当地街区的主要供水泉池，其范围包括西边的前帝馆街、后帝馆街、新桥街，东侧和南侧的正觉寺街东头、朝山街、岳庙后街、下凹子街以及更远些的街区，相当于今正觉寺街、佛山苑、

2001年，移址重建的古鉴泉和当时所立的古鉴泉碑　王琴摄

棋盘街小区一带。旧时有专门送水的，近处人挑，远处车推，车先停在水胡同的泉子口上，挑水装满那特制木条拼起的大水箱后，再一人前拉、一人后推地向远处送水。出泉池的东西小路叫水胡同，因人们多经这里取水，故名。平日里人挑车拉水洒得到处都是水，路面成天湿乎乎的，冬天路上更是冻上一层冰，锃亮剔透，行走打滑，走起路来要十分小心。卖水的用竹子做成小牌，叫水牌子，宽不过一指（2厘米），长约四指（8厘米），上烙有印记，10个卖一毛钱，用铁丝穿起来挂在门窗旁。送一挑水，给一个小牌子，若家里没人，送水人便把水倒入厨房或院子里的水缸后，自取一个水牌子，相互信任。

南门鉴泉历来为附近居民的水源，若碰上春季夏初的大旱季节，千佛山东麓的羊头峪村，甚至南山搬倒井村的农民，也要翻越开元寺150米高差的山峰，走7公里的路程，赶着小毛驴前来泉池取水，可见南门泉子地位之重要、供水范围之广泛，这是济南众多泉池所少有的。

1965 年编制的《济南泉水一览表》记载，古鉴泉又名"南门子泉"，在"南门口旧桥西"，"泉水涌流，有气泡"，最小流量 20.0 升 / 秒。

古鉴泉旁原立有清乾隆五十三年（1788）泉名碑，上书"古鉴泉"三大字，字径六寸，另有碑文两行，文曰："此泉列寿康泉迤东，水净沙明，对之若镜。历年来大雨冲损，汲水者每苦其难。我街徐文举独力重修，其有便于街里不浅也。"该碑后佚失。2001 年，在移址后的古鉴泉旁新立石碑，刻"古鉴泉"名，碑阴刻《重修古鉴泉记》，记述泉水来历及变迁，文中称"百年沧桑，泉池数次填埋，碑刻佚失。二〇〇〇年十月，济南市名泉保护管理办公室偕泉城广场管理处遵照名泉保护管理办法重挖泉修池，青石砌壁，绕石护栏，由著名书法家张鹏书丹，竣工之日勒石以志。诗云：盛世昭昭，名泉新韵。涓涓细流，清鉴古今"。

2024 年，伴随着韩美林艺术中心项目在原山东省科技馆旧址的改建施工，湮没 20 多年的古鉴泉原泉池再度被挖出，伴随着相关修复和景观提升工程的实施，此鉴泉将成为南门外最引人注目的一处泉景。

灰池泉

灰池泉位于南护城河西端南岸、趵突泉南路北段东侧、坤顺桥东南隅。金《名泉碑》、明《七十二泉诗》、清《七十二泉记》均有收录。泉水出露形态为串珠状上涌，长年不竭，流入护城河。1986 年重修泉池，2010 年护城河三期通航工程时再次修复。今泉池为长方形，以假山石驳岸，长 7.5 米，宽 4.95 米。

灰池泉泉名的由来不明。不同历史时期的志书上记载的灰池泉位置不一，且曾多次迁址。最早记录灰池泉位置的是元《齐乘》，其位置与混沙泉同在"城西南角场下"；明嘉靖《山东通志》记载与《齐乘》相同；明崇祯《历乘》称"有其名而莫辨其址"；明崇祯《历城县志》称"灰池泉，五龙潭东"，"混沙泉，灰池南，流灰湾，入大清"。说明在明末，灰池泉的位置已由城西南变为城西的五龙潭附近，此后的清代志书均承袭明崇祯《历城县志》的观点。期间的诗文虽偶尔提及灰池泉，但都沿袭志书之说，未明确有人见过灰池泉，也未明确注明其位置，可能灰池泉在清代已经迷失。

1928 年出版的《历城县乡土调查录》称"在县城西南角河沿房下"，此时灰池泉又回到了元代的位置，并且有了明确地点。这有可能是民国时期附近居民将此位置的一处无名泉冒用了古泉名。1965 年编制的《济南泉水一览表》记载，灰池泉在"后营坊街 95 号北 20 米"，"井状""不出流"，为居民饮用水源。

灰池泉　左庆摄

灰池泉　左庆摄

　　1949年后的济南地理、地名资料，如《济南的泉水》《济南市地名志》《济南老街史话》等，都明确记载了灰池泉的位置和大小，以及其为居民饮用之泉。尤其以水利专家、济南民俗学者秦若轼在《济南老街史话》中绘制的《后营坊街图示》中标明了灰池泉的位置。书中称灰池泉在后营坊街西头路北的谷家宅内，故又俗称"谷家泉子"。泉池原长方形，紧挨着后院西屋北头窗下，东西宽1米，南北长两米，地面距水面约1米，水深两米许。泉池地面以下内壁石砌，没有出水口，其南墙上镶有"灰池泉"

石匾一方。地面以上东、南面，有半米多高用砖砌的花墙子，北边留有上下台阶的口门。泉池花墙外种有数株开小白花的百日香通过蔓架爬到泉池上，泉水、花香把小院装扮得幽静、清爽而温馨。

1984年建设环城公园时，泉池被毁。1986年稍西移位，改为深水井。2000年12月建设泉城广场时，重修了泉池。

灰池泉曾经几度湮没，又几度复出，其历史变迁让人感慨，诚如明《七十二泉诗》所咏："黑风翻海撼蓬莱，吹遍昆明几劫灰。欲溯水源穷不尽，流来历下净纤埃。"

寿康泉

　　寿康泉位于南护城河南岸、古鉴泉西、原后营坊街东头，通往南护城河小胡同的北口。旧时附近饮用此泉水的居民中多有长寿者，故取名"寿康泉"。昔日，寿康泉泉眼众多，出露形态为串珠状上涌，长年不竭。水泡从泉底冒出，浮出水面，化为潺潺细流，注入护城河。清末王钟霖《历下七十二泉考》称寿康泉"在南门外迤西，有石碣。泉通城河。大木交荫，蒲菱丛杂。多垂钓者"。寿康泉曾一度被填埋，1986 年修建环城公园时得以恢复。修建泉城广场时，在其原址将泉池改建为喷

寿康泉　左庆摄

泉形态的石砌长方形，长 9.08 米，宽 4.55 米，深 1 米，无泉名碑。1965年编制的《济南泉水一览表》记载寿康泉在"后营坊街 32 号北河边"，"南北两池，水面平静溢流"，目测最小流量 10 升 / 秒。

据《济南老街史话》中秦若轼所撰《后营坊街》一文记载，清末民初寿康泉有两个并列方形池。南侧石砌的为上泉池，约 3 米见方，深两米许，周圈表层铺砌大青石板。池内泉水澄清如玉，波平如镜。泉水从池底和池壁缓缓泛出，那较大泉口处细沙翻滚，时有串串珍珠般的水泡从池底冒出，浮出水面，有的还成簇，像一朵攒齐的珠花，"咕嘟"一下蹿出来，在水面上涌起一个水花。水中银鳞小鱼，翻腾戏游，不时弄出些涟漪；池底常有小螃蟹出没，更平添了一份活泼的意趣。冬季更是水汽蒸腾，氤氲朦胧。水面距池顶不到半米，大孩子蹲着就能用手捧起水喝，取用十分方便。泉水水质甘洌，口感极好，是街居汲用的主要水源。

泉池于水面高处的北墙上，留有一个不足 1 平方尺的小孔洞，泉水出池，顺地面形成潺潺细流，流入北侧相距约几米的洗衣池中。石砌的洗衣池约 5 米见方，1 米多深，池四周顶面的青石板被长年累月洗衣揉搓打磨得平洁光亮。南、北墙的青石板下各留有 20 厘米高、40 厘米宽的长形孔洞，以便泉水进出，最后汇入到两米开外的护城河里。一般年份，常有碗口粗的泉水从上池流来，就是旱年也有涓涓细流，故洗衣池中的水是活水，总是清清的，蹲着一伸手就能够着水，洗衣极为方便。这种上下两池的组合，上池饮用，下池洗濯，搭配合理，很受居民喜爱，可说是泉池布局的一大特色。南门泉子、琵琶泉池等也是这种上下两池的布设。

寿康泉处原来泉眼很多，除在主要泉口上建有泉池外，池壁上也向内渗水。20 世纪 20 年代，池东邻的袁家砌筑三层楼房时，压占了一小半泉池和不少泉眼，致使整个泉池西移。逢丰水年或汛期过后，墙边上

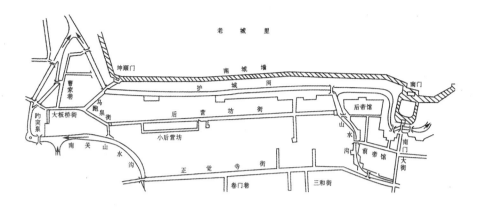

后营坊街位址示意图（据《济南老街史话》）

便向外冒水，不时还有水泡出露，流入小溪或洗衣池内。这种情景常引得孩子们用泥巴堵墙，或用小草棍穿水泡玩，也可算济南特有的一景。

泉子何以"寿康"命名？街人相沿的俗说是，清乾隆年间，当地老者等曾立过一通石碑，记有喝该泉池水而能长寿的取名由来。石碑青石质，高1米多，宽约60厘米，厚20厘米，其下有长方形锥式碑跌。后因有碍交通，在清理住家户门口上马石时，一并将石碑清除而不知下落。

值得庆幸的是，在清道光二十年（1840）刊印的《济南金石志》上，将乾隆三十八年（1773）寿康泉碑文完整地收录书中。碑阳"寿康泉"楷书三个大字，字径八寸。碑阴楷书："历下名泉七十有二，营坊古泉不与焉。泉在鉴泉之西，马跑泉之东。冬温夏凉，水清味甘，居人饮之多大年。而三姥为尤著：一田曹氏寿届期颐，奉敕建坊表其门；一廉杨氏、一勾刘氏，年俱近百龄。尝闻古有甘谷，其水下流，附近饮之，多登上寿。三姥之寿，得非饮此水之古欤？名曰寿康，不亦宜乎？爱勒石以志之。乾隆三十八年岁次癸巳仲冬穀旦本里老人王瑞等公立。"

由碑文知，世人得饮此泉水而长寿，泉因之故名"寿康"。三姥中的勾姓后人现仍在，其族内至今传有老人长寿之说。究其原因，泉水来自地下，其在入渗、径流、储存的过程中，使其富含钾、镁、钠等多种微量元素，长期饮用，对身体大有裨益而致天年。1927年寿康泉得以疏浚，并在泉池南侧墙边立有隶书"寿康泉"的立碑，而乡绅街人的捐资卧碑位于胡同南口原寿康泉立碑的东边。捐资碑石为大理石质，表面通体磨光黑亮，呈横长方形，下面有两块槽形状石跌。"文化大革命"中，立碑被砸碎，卧碑残石做了门台石。

寿康泉曾一度被济南中药厂宿舍楼填埋，1984年修建环城公园时得以重新疏浚。泉池呈东西向长方形，长8米，宽6米，地面下深两米许，周围饰以雕栏。在其南墙的东头下边，留有一个1米多高、半米来宽、进深数十厘米的孔洞，这是泉脉出流之处。北墙于水面处，留有不大的一个孔洞，以便泉水流到护城河里。1997年修建泉城广场前，寿康泉旁原立有魏启后于乙丑年（1985）冬题写的"寿康泉"泉名刻石，现已失存。修建泉城广场后，将寿康泉改建为大理石贴面的长方形泉池，长9.08米，宽4.55米，深1米。泉池中留有泉眼3处，安装了3根细管作喷泉状，人工痕迹严重，失去了原有的自然风貌。盛水时泉水喷涌较为旺盛，泉水从池北壁排出口排入护城河。

寿康泉南邻后营坊街，在街东头的护城河南岸。20世纪六七十年代，后营坊街曾更名为"寿康泉街"，可见寿康泉在后营坊街的地位举足轻重。

后营坊街为清末"济南四大名街"之一，很多当代人将后营坊街的历史追溯到1800年前的东汉末年，称曹操任济南相时，曾在历城古城的城南一带建有大营并操练人马。这也是当代人毫无根据的联想。曹操曾任济南相不假，但那时的济南国国都在东平陵（今章丘辖区内），而不是历下城。直到晋永嘉年间，济南的治所才从东平陵迁至历城。后营坊街的得名确实源于此处原有军营，但不是汉代，而是明代。据明崇祯《历

128

1955 年的寿康泉

城县志》卷三《建置志》记载，明代在济南城内外的东、西、南三个方向都驻扎有军营。东营位于东响闸东；西营位于马跑泉东；后营位于东门内北，为旧时的武场；南营位于武场西，皆南兵所居，亦名小校场；回营位于杆石桥东，皆色目人所居。

据《济南老街史话》中秦若轼所撰《后营坊街》一文记载，后营坊街的具体位置是：南邻正觉寺街，北依护城河畔，东接新桥街，西至马跑泉街。它向东经后帝馆街至历山门（俗称南门），向西经大板桥街到趵突泉，二者都不到200米远。后营坊街的西口有大寨子门，往西是马跑泉街，往南拐是山水沟街。居街东经后帝馆街、西燕窝街至南门大街，进历山门去城里，路途不到200米；西经马跑泉街、大板桥街到趵突泉及泉处集市，只有100多米远；出趵突泉，顺花墙子街南行100余米就是劝业商场，北拐经剪子巷便到了西关。旧历二日、七日的街西山水沟大集，南门下河涯天天都有的小市，农历三月二十八日在三和街一带的"药市会"，都距后营坊街不远，使得居街的人们进城、去商业街区、赶集、上班、生活等均十分方便。街区附近的学校众多，早时的尚志堂、山东优级师范，近时的女子师范、女子中学和不少的小学等，因此南关一带的文化教育发达，学习气氛浓厚，为孩子们创造了良好的学习环境。加上南去千佛山、北达大明湖、东到黑虎泉、西至趵突泉都不远，又为休闲娱乐提供了方便。总之，后营坊街所处的位置适中，交通方便，环境优美，区位优势明显，渐渐成了最适宜于市民居住的街道。它连同司里街、所里街、宽厚所街，成为济南城的四大名街。四条街虽说各有特色，但老人们都说，论民居，后营坊街位居第一。后营坊街北至护城河边有60多米，南与正觉寺街之间更有120多米，其路南民居的进深有40米许，故老街住家户的地基宽、进深大，敞亮多进的院落多，这是其他三街所不能比拟的。若再考虑建造上的富丽堂皇，以及那够得上档次的8处"挂花"大门、两处"狮子把门"、3处有匾额大门、3处有独立外影壁的深宅大院、4处花园式庭院、4处洋楼、4处门外墙上有拴马石等，在济南，此街的建筑真可说是样式繁多、名列前茅了。

后营坊街上有两处名泉，分别是位于街东头的寿康泉和位于街西头的灰池泉。此外，街上和不少住户院中，还有一些不知名的泉水和水井。据1963年山东省地质局八〇一队一分队所绘《济南市泉水分布图》记载，在后营坊街29号河南岸，后营坊街20号寿康泉北，寿康泉北河两岸和寿康泉东、河南岸，各有一无名泉。

后营坊街上，旧时有中小规模的庙宇六处半，其中三处祭祀的是关帝，两处是土地，一处是龙王，那半处是指拜观音的水潮庵。因寺庙的后门开在本街上，且有门牌号码，而庵正面的大门却位于山水沟街，故也将其列入本街的庙宇，称之为"半个"。老街的六处半庙宇，第一处为关帝庙，在街东头的阁子门上，也俗叫"阁子庙"；第二处为小关帝庙，在泉子口的路南；第三处是五圣堂，在小后营坊街东口往南拐角处；第四处是小土地庙，在小后营坊街西口往南的拐角上；第五处土地庙在泉子口上南去死胡同道的端头；第六处小龙王庙在寿康泉泉池和北洗衣池的中间；那半个（水潮庵）的后门在街西端的路南。前四处半庙宇基本顺街东西向呈"一"字形布置，第五处、第六处与位于泉子口的第二处小庙成南北向布置。总的来看，几处寺庙是以泉子口的关帝庙为中心，即呈重心偏东北的"十"字形布局。它不仅突出了关帝以及供给全街人们饮用水源——寿康泉的中心地位，同时因寺庙位于本街的东、西、南、北的四处端位和拐角处，将居街范围的住户包于其中，暗含着神祇对人们无处不在的保佑。这六处半庙中，只有五圣堂及水潮庵规模较大，有专人管理，并在史志书中留有记载，其他的阁子庙、小关帝庙、小土地庙和小龙王庙，均规模甚小，无人专管，故史料均无记述。

1966年，寿康泉泉碑

后营坊街上，旧时还曾有几处学校。光绪三十年（1904）3月17日，王伯安在后营坊街兴办女学堂，是日开学，学生10余人，设识字、书法、修身、历史、算学等课，"学额费极廉，全恃捐款津贴"，后定名为"第一公立女学堂"，这是济南第一所专收女生的学堂。光绪三十一年（1905），教养局附设的初等小学堂成立。光绪二十六年（1900），山东巡抚在正觉寺街中部的正觉寺西邻创办教养局。教养局内附设的小学堂在教养局的后身，时与第一公立女学堂只有一墙之隔。1912年底至1913年间，济南的小学堂改称小学校后，这里建立了山东省立第八初等小学校，校址在原第一公立女学堂与教养局附设小学堂处，即把两校的隔墙打通合为一校，俗叫"东院""西院"，校门仍开在后营坊街上。1914年，山东历城监狱历城分监成立，狱址占了第八初等小学校的东院即原公立女学堂的院落，但在占用东院的同时，对西院的校舍进行了大的改建。改建后的省立第八初等小学的校园，北临老街，东邻监狱，南边修墙，后门仍与教养局挨着，西邻为艺村堂查家大院，校园东西30多米宽，南北约60米长。1917年，济南的省立小学大量合并，同时改为县立，这时的省立第八初等小学虽保留下来，但校名改为省立女子师范附属小学，即俗称的"女师附小"。此时的校址则占了教养局在正觉寺街北院的全部，把初等第八小学时加建的隔墙拆除，又形成了一个大校院，即第八小学的四排教室，三个院子保留下来的全合进来，原开在后营坊街的校大门改做后门，前门开在了正觉寺街上。这一学校的布置格局，一直相沿到济南解放。随后，女师附小迁出，该校址改为岳庙后小学。20世纪50年代，此处建济南第八中学。至泉城广场建设时，第八中学又迁出。

20世纪60年代以后，后营坊街经历了五次拆迁。1964年改造山水沟街，占去了本街西头的约百米长，涉及近10个大门，形成了后营坊街居民的第一次搬迁。1984年3月10日，声势浩大的环城公园建设正式动工，工人们奋战两年半，于1986年10月15日竣工。老街路北成了环城公园的一部分，只留下了毛巾厂、药厂等四座宿舍楼，西头的趵突泉宾馆、东头的东元盛帽子厂，以及袁家的三层小洋楼（后成了环城公园的管理用房）。政府把搬迁户安置于历城区洪楼花园小区，这是后营坊街居民第二次大搬迁。20世纪90年代初，本街东头路南的15个大门（1~30号中的偶数号）因百货大楼扩建（未建成）被占用；1994年，街西路南因珠宝城建设（未建成）被占用。拆迁户被分散安置于各地。1996年底至1997年初，政府又动员拆迁街中部路南及零星散户，他们先后去了红苑小区、柳云小区。1998年7月，泉城广场开工建设，1999

20世纪60年代，寿康泉

年国庆节前夕竣工。本街中部路南的 32、34、36、38、40、42、44 号大门及路北的 29 号和宏济堂职工宿舍楼等最后这些住户被安置到市中区玉函（南、北）小区。经过先后五次迁占，共涉及 520 多户、近两千人，这条有着百年历史的古老街道完成了它的历史使命。

青龙泉

　　青龙泉位于东青龙街路西、护城河东岸，隔河与苗家巷相对。泉水从河东岸石崖涌出，泻入护城河。2012 年春，趵突泉景区管理处在泉水跌落处围以长方形石栏，以其地处东青龙街，取名"青龙泉"，并请书法家张仲亭题写泉名，镌刻于西侧石栏板上。

　　济南老城区四大泉群的面积为 2.6 平方公里，分布区域大体为：东至青龙桥，西至筐市街，南至泺源大街，北到大明湖。青龙泉为四大泉群区域内最东面的一处泉水。2013 年版《济南泉水志》载："1965 年山东省地质局水文地质观测站整理的《济南泉水一览表》所载苗家巷之人工钻孔喷泉，似即此泉。"据《济南泉水一览表》记载，苗家巷人工泉的确切位置为苗家巷东口，与此泉还有一河相隔，不应为同一泉。

　　另据王钟霖《历下七十二名泉考》记载，在清末新东门外曾有一处泉水，王钟霖将其命名为"青龙泉"："东门外青龙街中间，临城河有响水闸水磨，名'东响闸'。近闸有泉，泉上堆土石为山，古柏、小庙，颇具峰峦之致，题曰'海岛金山寺'。东郊青龙桥，夏秋山泉齐发，过桥而北，入城河。历下东面诸泉，《志》皆未载，兹即街名，名泉曰'青龙'。"

　　响闸，位于新东门（巽利门）外的新东门桥下护城河上。东护城河水源自南边的黑虎泉泉群诸泉之水，河道水面宽 10 多米，水深 12 米，水流清澈，于清末便在新东门桥下约 10 米处建有一道闸，由于过闸水流

青龙泉　左庆摄

哗哗作响，故名为响闸。此闸临近河流，加之两岸树木繁多，环境十分清静，故民间又称它为"济南第一闸"。

响闸处的河宽有12米，中设石砌墩台，间以木栅控制，上下水位差1.4米。这里曾经建有山东省第一座水电站。1929年春，中国近现代水利专家张含英来山东建设厅（位于今运署街泉城中学）任职。在建设厅的支持下，张含英对东护城河新东门附近的老水闸进行了改造，以黑虎泉等泉水为水源，利用护城河上下游形成的水位差，建成山东第一座日发电能力为10千瓦的水力发电站。这座水电站白天用于磨面，夜间向西可供运署街建设厅、教育厅等照明，向东供华美街教会建筑群用电。1937年日本侵占济南时，水电站被毁，后改建成水磨，成了粮食和农副产品的加工厂。2010年在对东护城河进行改建时，将响闸向下游移位，并新建成了一处船闸，而当年响闸水电站的建设者张含英先生的铜像，也塑立在河的东岸，以供人们怀念观赏。

这里也是旧时附近居民洗衣的好地方。民国时期记录济南护城河畔风光的老照片中，常常有妇女在响闸边排成一排洗衣的场景。